IVSTITIAM PIETATEM FIDEM
Le Comte D. Boutourlin

Soutien du Temple de mémoire,
Nous transmettons les Faits à la postérité;
Les Arts, les Sciences, l'Histoire
Nous doivent l'Immortalité.

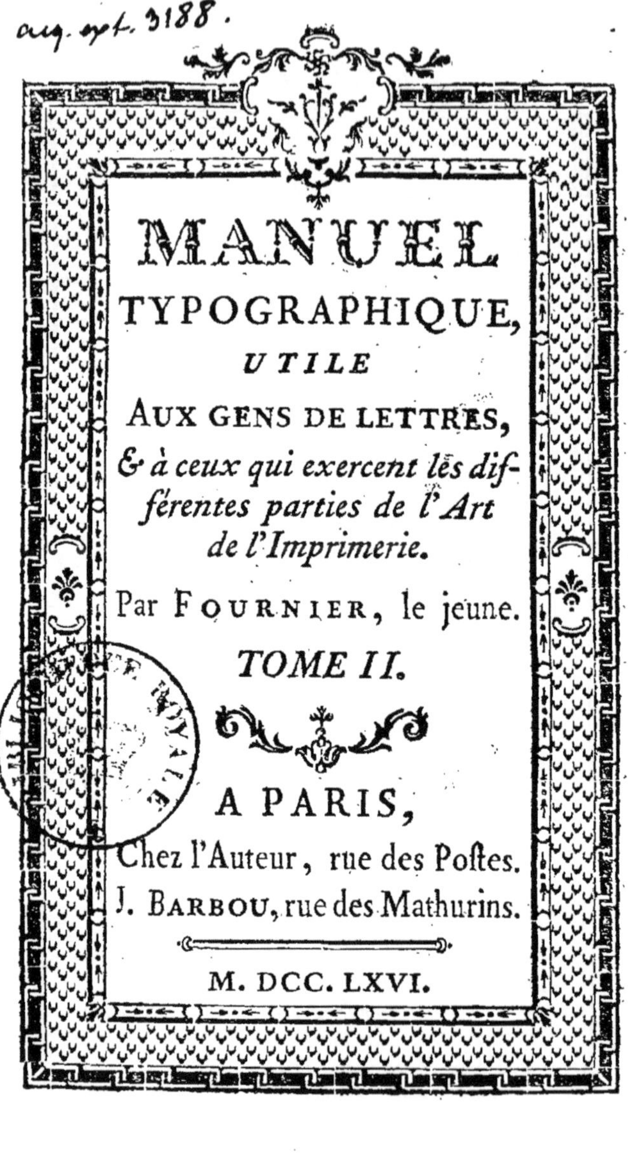

MANUEL TYPOGRAPHIQUE,

UTILE

AUX GENS DE LETTRES,

& à ceux qui exercent les différentes parties de l'Art de l'Imprimerie.

Par FOURNIER, le jeune.

TOME II.

A PARIS,
Chez l'Auteur, rue des Postes.
J. BARBOU, rue des Mathurins.

M. DCC. LXVI.

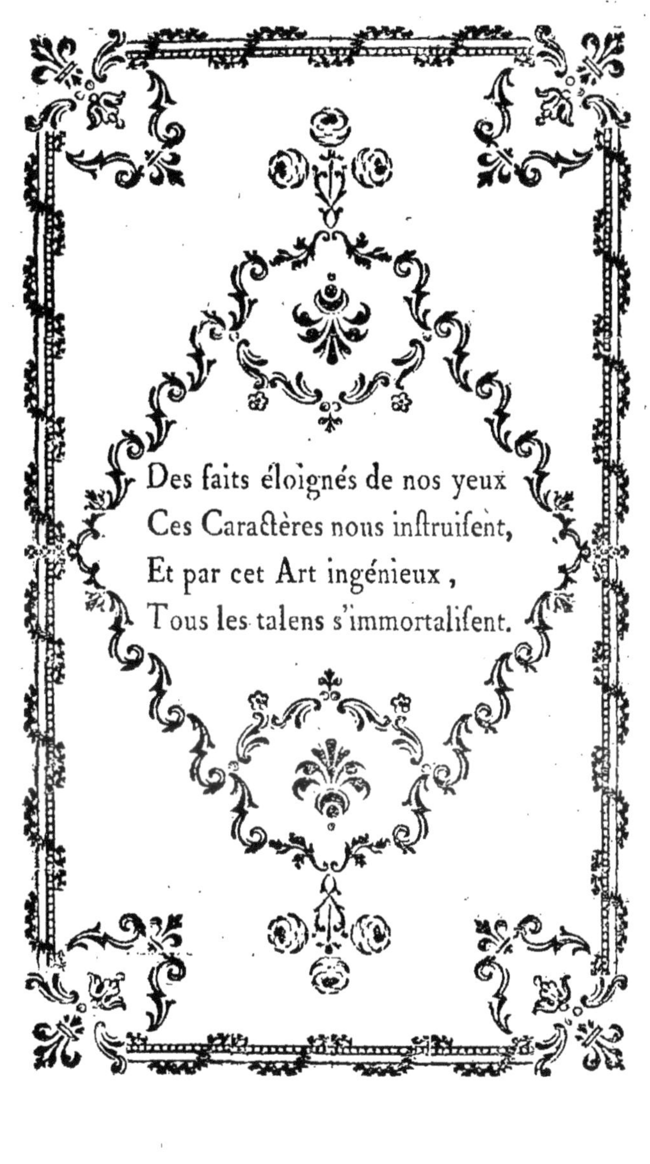
Des faits éloignés de nos yeux
Ces Caractères nous instruisent,
Et par cet Art ingénieux,
Tous les talens s'immortalisent.

AVERTISSEMENT PRÉLIMINAIRE.

POUR rendre cet Ouvrage plus intéressant aux yeux des GENS DE LETTRES, & pour remplir en même temps la partie qui les regarde, annoncée par le titre, je donne dans ce second Volume un exemple des différents caractères qui sont ordinairement d'usage dans l'Imprimerie, sans oublier aucune des nuances qui servent à les faire distinguer.

Cette partie de l'Art Typographique, qui entre dans l'ordre des connoissances analogues à celles des gens de Lettres, est communément fort négligée ; ceux même d'entre eux qui ſe piquent le plus de connoître les Livres, ſont ſouvent très-embaraſſés lorſqu'il s'agit de donner une idée juſte du caractère avec lequel ils ſont imprimés ; ordinairement les noms leur manquent ; quelquefois ils les eſtropient, mais ſouvent ils emploient des expreſſions équivoques, en diſant que tel livre eſt imprimé en gros ou en petit caractère, ce qui ne préſente qu'une idée vague & indéterminée qui ne ſignifie rien ; car un *Cicéro*, par exemple, qui eſt le caractère le plus en uſage dans l'Imprimerie, eſt gros par rapport à la *Nompareille* ou à la *Pariſienne*, & très-petit relativement au *gros* ou *petit Canon*.

J'ai donc lieu d'eſpérer que les gens de Lettres recevront avec plaiſir les échantillons que je leur préſente : on voit au-deſſus de chaque caractère le nom qui ſert à les diſtinguer les uns des autres ; rien n'eſt donc plus aiſé que d'apprendre à connoître leur nature, & à les indiquer d'une manière préciſe par leur nom.

Pour connoître à la ſeule inſpection d'un livre le nom du caractère avec lequel il eſt imprimé, il faut avoir un uſage qui n'appartient qu'aux perſonnes de l'Art. Voici le moyen d'y ſuppléer : il ne s'agit que de chercher dans ce Volume l'exemple qui paroîtra de la groſſeur du caractère que l'on veut connoître, & de préſenter un certain nombre de lignes de l'un ſur pareil nombre de l'autre ; ſi ces lignes ſe trouvent également diſtantes & ſe rencontrent juſte par en haut & par en bas, on aura le nom du caractère dont on desire la connoissance, par celui qui est au-dessus de l'exemple. Ces mesures se prennent encore plus juste avec un compas, en observant de commencer par l'extrémité supérieure des lettres longues, c'est-à-dire, des d, l, M, &c. de la ligne d'enhaut, & de finir par l'extrémité inférieure des g, p, q, &c. pour celle d'enbas; on portera cette mesure, avec les mêmes précautions, sur les exemples du présent Volume, & on s'assurera par-là du nom du caractère que l'on cherche à connoître.

Les caractères s'emploient communément sur leur corps naturel, quelquefois cependant ils sont *interlignés*, c'est-à-dire qu'on met entre chaque ligne un corps étranger, qu'on nomme *interligne*, pour les élaguer. On reconnoît le corps naturel du caractère lorſque les queues des p, q, d'une ligne avoiſinent de très-près celles des b, d, de la ſuivante, &c. au contraire, lorſque ces queues s'éloignent de l'épaiſſeur de deux ou trois Cartes, pour lors le caractère eſt interligné ou fondu ſur un corps ſupérieur, comme pourroit être un *œil de Petit-romain*, fondu ſur le *corps de Cicéro*, ce qui revient au même.

Comme il n'eſt pas moins important à ceux qui veulent avoir une juſte idée de l'exécution typographique d'un livre, de connoître la groſſeur du caractère avec lequel il eſt imprimé, que d'en connoître la grandeur du format, il ſeroit à ſouhaiter que les Auteurs des ouvrages périodiques vouluſſent ſe donner la peine d'annoncer le caractère en même temps qu'ils indiquent le format ; ce qui ſe feroit en diſant, tel livre eſt *in*-12 ou *in*-4°. imprimé en *Cicéro*, *Saint-Auguſtin*, *Gros-romain*, &c. on auroit par-là une idée exacte de l'un & de l'autre. Comme il y a de grands & de petits formats, ainſi que des caractères gros & petit œil, on pourroit pouſſer l'exactitude juſqu'à faire cette diſtinction : par ce moyen, les Savans & la plûpart des Lecteurs ſe familiariſeroient ſans peine avec les caractères, ils apprendroient en peu de temps à diſtinguer leurs noms & leurs groſſeurs ; connoiſſance utile qui eſt de leur reſſort, & qui doit leur être auſſi familière que l'eſt à un artiſte la connoiſſance des inſtrumens dont il fait uſage.

Ce Volume eſt diviſé en ſix articles.

Le I. contient un exemple des caractères, tant Romains qu'Italiques, dont on se sert ordinairement pour l'Imprimerie, avec les différentes nuances de grosseur qui les font distinguer, comme *petit-œil*, *œil ordinaire*, *œil moyen*, *gros œil*, *œil Hollandois*, *œil serré & œil Poëtique*. Ces dénominations annoncent des lettres un peu plus ou un peu moins nourries & étendues, quoique sur le même *corps*; ce qui fait que vingt lignes d'un petit œil tiennent la même étendue en hauteur, que vingt autres de gros œil : il arrive seulement que les lignes paroissent d'autant plus rapprochées sur elles-mêmes, que l'œil est plus gros.

Ces différentes nuances *d'œil* ou de grosseur de caractères, sont faites autant pour l'agréable que pour l'utile.

Le petit œil laiſſe plus d'intervalle entre les lignes, ce qui leur donne un air plus léger & plus gracieux, mais il eſt plus fatigant pour une vue délicate; l'œil ordinaire tient le milieu entre l'agréable & l'utile; l'œil moyen eſt d'une nuance plus forte, qui rend le caractère plus liſible, avantage que le gros œil rend encore plus ſenſible; mais les lignes étant plus rapprochées les unes des autres, les pages prennent un air trop matériel. Pour diminuer cette peſanteur, les Hollandois ont imaginé de faire ces ſortes de caractères gros œil, maigres & alongés.

J'ai gravé deux nouvelles nuances de ces caractères : je nomme l'un œil ſerré; il eſt formé de lettres un peu moins arrondies, de ſorte qu'en préſentant un œil à-peu-près ordinaire &

nourri, il contient cependant plus de lettres dans la même ligne. L'autre, que j'appelle Poétique, eſt également moins arrondi, mais il eſt plus petit & moins nourri; les lettres longues, ainſi que les capitales & autres, ſont alongées, ce qui produit une diſtance convenable entre les lignes, pendant que les lettres plus rapprochées à côté les unes des autres, laiſſent la liberté de compoſer de grands Vers ſans être obligé de les partager en deux lignes, ni de donner trop de largeur au format. J'ai employé cette ſorte de caractères pour le premier Volume de cet Ouvrage.

De quelque nuance que ſoient les caractères, c'eſt toujours de la tige qui porte les lettres qu'ils prennent leur nom: un caractère de Petit-romain, par exemple, fondu ſur le corps de

Cicéro, retient le nom de Cicéro: cela ſe fait pour élaguer les lignes ſans être obligé d'employer ce que l'on appelle des interlignes.

Les Auteurs, Imprimeurs ou Libraires, qui voudront choiſir dans ce Volume un caractère pour l'impreſſion de quelque ouvrage, pourront l'indiquer par le titre ou par le numéro marqué en tête.

Le II. article contient ce qui regarde les ornements de l'impreſſion, comme Vignettes ou ornements de fonte, Lettres de deux points, ſimples & ornées, Réglets, Filets, Crochets, & quelques figures d'uſage, le tout diſtingué par numéros.

Le III. repréſente les modèles de divers caractères propres à quelques Pays, d'un uſage particulier ou ancien.

Le IV. renferme les exemples de différents caractères Orientaux.

Le V. comprend les Notes de Musique & de plain-chant.

Le VI. offre les modèles des figures que l'esprit humain à inventées pour exprimer les idées, en nous présentant une suite des Alphabets de chaque langue. Mon dessein n'a point été de donner les changements & les variations qui se trouvent dans les caractères d'une même espèce, & qui viennent de l'habileté plus ou moins grande de la main qui les à formés dans les différents âges, mais seulement la figure qui constitue la nature du caractère propre à une langue en particulier, ou que le caprice à fait imaginer.

Je n'ai d'autre mérite, pour cet article, que celui de Compilateur, à moins qu'on ne me tienne compte d'avoir choisi, dans les différents monuments que j'ai consultés, les plus belles formes de lettres que j'ai dessinées avec le plus grand soin.

J'ai consulté dans cette vue la plus grande partie des monuments, imprimés où manuscrits, qui traitent des caractères, tels, par exemple, que le Traité des langues, par Colletet, imprimé en 1660. *Libro di M. Giovanbattista Palatino*, imprimé à Rome en 1545, contenant des modèles de différents caractères anciens & modernes; livre curieux pour les Artistes, en ce que les exemples, qui sont bien rendus, sont gravés en bois.

Essemplare di più sorti di Lettere di M. Gio. Francesco Cresci Milanese, scrittore in Venetia. in-4°. imprimé à

Venise, par F. Rampazetto en 1575, & dédié à S. Charles Borromée. Les exemples des caractères sont gravés en bois.

Arte de escrivir de Francesco Lucas, dédié à Philippe II. Roi d'Espagne, imprimé à Madrid en 1580, vol. in-4°. aussi gravé en bois. La plûpart des alphabets sont gravés en creux dans le bois, ce qui fait que les lettres sont blanches sur un fond noir.

Alphabeta & characteres, jam inde à creato mundo ad nostra usque tempora. Par J. Théodore & J. Israel de Bry, frères, imprimé à Francfort en 1596, gravé en taille-douce. *Le Champ fleury*, par Geoffroi Torry, imprimé à Paris en 1526. Un Manuscrit contenant l'alphabet des anciennes langues, qui se trouve à la suite d'un Exemplaire du Champ fleury, appartenant à M. le Duc de la Valliére. La Diplomatique. Une Table de différents caractères anciens, par Édouard Bernard, augmentée par Charles Morton à Londres, & gravée en taille-douce par J. Gibson en 1759.

Traité sur la Fonderie, l'Imprimerie, & les langues anciennes, par Christian Frédéric Gessner, Imprimeur à Leipsick en 1742, 3 vol. in-12 en Allemand. Divers autres Livres d'écritures faits en Italie, en Espagne, en Allemagne & en Angleterre, ainsi que d'autres Ouvrages qui traitent des lettres.

Ces Auteurs ne sont pas toujours d'accord sur la dénomination de quelques caractères, qui, étant en usage dans des contrées étendues, ont pris le nom de différentes peuplades qui les habitoient , ou les avoisinoient. Par exemple , il y a des alphabets intitulés , Iduméen , nommé autrepart premier alphabet Samaritain ; Chaldéen—Judaïque ou Cananéen , ou de Palestine ; Gothique—Runique ou Get ; Babilonien —Chaldéen ou Maronite ; Assyrien—Phénicien , &c. Ces différents noms appliqués à une même forme de caractères , pourroient être l'objet d'un examen critique. J'ai appliqué aux alphabets les noms qui m'ont paru le plus autorisés.

Comme cette VIme partie est plutôt un objet de curiosité qu'une étude approfondie sur la nature de chaque sorte de caractère , je me suis borné pour l'ordinaire à la simplicité de l'alphabet , en le dégageant des variantes , qui sont d'autant plus inutiles à mon deſſein, qu'elles occaſionnent de la confuſion, en ce qu'elles ſe trouvent répétées dans d'autres alphabets qui en dérivent ou qui ont une ſource commune, comme celles qui viennent du Grec ou du Latin. Par exemple, les lettres Ioniennes pour le Grec, les Latines, Franciſques, Saxonnes, Gothiques &c. pour le latin, ſont preſque toutes ſemblables; les différences légères qui s'y trouvent, paroiſſent venir plutôt de la main plus ou moins habile des différents Écrivains, que de la nature même du caractère, qui étoit originairement le même. J'ai donc choiſi dans ces variantes la figure de lettre qui m'a paru la plus analogue au génie de chaque ſorte d'écriture.

Je dois marquer ici la reconnoiſſance que je dois à pluſieurs de mes Confrères, Meſſieurs Breitkopf à Leiſpſick, Hériſſant, Cappon & mon frère aîné à Paris, qui ont bien voulu me prêter quelques caractères de leurs Fonderies, pour rendre cette collection plus complette & plus digne d'être préſentée au Public.

Il convient au ſujet que je traite, de donner un état des principales Fonderies dans leſquelles l'Imprimerie puiſe ſes tréſors. L'Europe, qui ſeule en poſſéde, n'en a qu'un aſſez petit nombre, par ce qu'elles ſont le fruit de longs travaux ou de grandes recherches ; ce qui donne à ceux qui en ſont poſſeſſeurs un état libre, dégagé des entraves de ce qu'on appelle Maîtriſe ou réception. Je ne parlerai point de quelques Fonderies ſubalternes, qui ſe trouvent en différents endroits ; elles ne méritent point le nom de Fonderies; soit par le peu d'habileté de ceux qui les ont faites, soit par le petit nombre de caractères qu'elles renferment. S'il m'arrive d'en citer quelques-unes de ce genre, c'est qu'elles se trouvent uniques dans une Ville ou dans un Royaume.

Des principales Fonderies de Caractères qui sont en Europe.

La France a été, si j'ose m'exprimer ainsi, la mère nourrice de presques toutes les anciennes Fonderies de l'Europe : c'est des mains de ses Artistes que sont sorties les plus grandes & les plus précieuses productions qui ont servi à les former dans leur origine. Je commence donc par les Fonderies de France.

FRANCE.

Parmi les Fonderies qui exiſtent aujourd'hui en France, celle dont l'origine remonte le plus haut, eſt la Fonderie du Roi. Elle a été commencée ſous François I. Ce Prince fit graver, par Garamond, trois caractères grecs, qui reſtèrent ſous la garde de Robert Étienne : ces caractères furent ſuivis de pluſieurs autres, tant Romains qu'Italiques, accompagnés des Moules néceſſaires.

Les premiers fonds de cette Fonderie, qui conſiſtoient en Poinçons & Matrices de pluſieurs caractères Grecs, Romains, Italiques, avec les Moules d'aſſortiment, étoient un dépôt confié à la garde d'un Directeur, qui faiſoit fondre ſur les Moules & Matrices du

Roi, les caractères dont l'Imprimerie Royale avoit besoin : on confioit à un Fondeur de Paris, les Moules & Matrices du caractère dont on vouloit faire usage ; il en donnoit son reçu, qui lui étoit rendu à la fin de l'ouvrage. Ce qui manquoit pour lors dans cette Fonderie, étoit fourni par le Fondeur chez lequel le caractère étoit choisi.

Au commencement de ce siécle, cette Fonderie prit une nouvelle existence, qui l'a rendue mémorable pour toujours. Vers 1693, Louis XIV. donna ordre que l'on gravât de nouveaux caractères qui rendissent sa Fonderie la plus belle qu'il fût possible. L'Académie des Sciences consultée à cet effet, choisit quelques-uns de ses Membres, savoir, Mrs Jaugeon, Desbillettes, & le Père Sébastien Truchet, pour donner les modèles des lettres; elles furent exécutées, quant à la partie de l'Art & du goût, par Philippe Grandjean, premier Graveur du Roi en titre pour l'Imprimerie Royale, auquel succéda le sieur Alexandre. La suite des caractères de cette Fonderie est continuée par M. Louis Luce, troisième Graveur du Roi, en exercice actuel. M. Grandjean, qui travailloit aux progrès de cette nouvelle Fonderie, en avoit aussi la garde; il la conserva toujours dans les différents endroits qu'il occupa, & en dernier lieu dans sa maison, près l'Estrapade, à l'entrée de la rue des Postes, d'où elle fut transportée au Louvre en 1725, pour être réunie à l'Imprimerie & former une Typographie complette.

Cette Fonderie, formée avec une

dépenſe vraiment Royale, reçoit tous les jours des accroiſſements nouveaux; on y trouve jointes à l'utilité, toutes les choſes qui ne ſont que d'agrément; en un mot il ne manqueroit rien pour la rendre la plus précieuſe de l'Univers, ſi elle poſſédoit encore les caractères Grecs de Garamond, dont la perte eſt irréparable, & ſi elle avoit des caractères Orientaux. Ils seront, ſans doute, par la ſuite, l'objet du travail des Graveurs attachés à cette célèbre Fonderie, dont l'uſage n'eſt que pour le ſervice du Roi.

Parmi les Fonderies particulières qui exiſtent en France, la plus ancienne eſt celle qui fut commencée en 1552, par Guillaume le Bé, célèbre Graveur. Il l'enrichit de ſes travaux & de ceux de ſes confrères, il acheta la plus grande partie des Poinçons & Matrices qui provenoient de la Fonderie du célèbre Garamond, à l'inventaire de laquelle il fût nommé arbitre en 1561. Guillaume le Bé, son fils, l'augmenta aussi par ses travaux & ses recherches. Elle passa à Guillaume le Bé son fils 3me du nom, après lui à sa veuve, qui mourut en 1707; ensuite à quatre de ses filles, qui continuèrent de la faire valoir avec honneur pendant plus de 25 ans, sous la direction de feu mon Père. Enfin elle a passé entre les mains de M. Fournier l'aîné, mon frère, qui l'acheta en 1730. Il soutient par ses talens la réputation de cette célèbre Fonderie, joignant l'Art de la gravûre à celui de la fonte des caractères.

Les premiers Maîtres de cette Fonderie, auſſi curieux qu'intelligens, ont raſſemblé & conſervé beaucoup de matrices des anciens caractères dont on faiſoit uſage dès l'origine de l'Imprimerie.

Les commencemens de la ſeconde Fonderie remontent vers 1596, ils ſont dus à Jacques de Sanlecque, célèbre Graveur & Fondeur, élève de G. le Bé; elle fut augmentée par Jacques de Sanlecque ſon fils, qui avoit les mêmes talens. Celui-ci la laiſſa à ſon fils, Louis de Sanlecque, après le décès duquel elle fut régie par ſa veuve, de qui M. Louis Euſtache de Sanlecque, ſon fils, l'a héritée & la fait valoir. Cette Fonderie aſſez bien aſſortie, joint aux différents caractères des anciens Graveurs, les productions particulières des deux premiers de Sanlecques.

Dans le dernier ſiécle, les Fonderies

de Paris étoient en beaucoup plus grand nombre qu'elles ne ſont à préſent ; pluſieurs Imprimeurs en avoient, & joignoient l'exercice de cet Art au leur.

Vers 1670, Jean Cot, Fondeur à Paris, acheta pluſieurs de ces petites Fonderies, & en forma une plus complette. Pierre Cot, ſon fils, l'augmenta encore par la réunion de pluſieurs autres; après lui, ſa mère la fit valoir & la laiſſa à deux de ſes filles. Elle paſſa en partage à Claude Lameſle, Fondeur & Libraire. M. Gando à acheté cette Fonderie en 1758, & l'a réunie à celle qu'il avoit eûe de M. Gando ſon oncle, qui en avoit fait graver la plus grande partie des poinçons par un nommé Félix, Graveur ſur métaux, lequel n'avoit que des talens fort médiocres dans cette partie, ayant été réduit à copier des modèles de caractères des autres Graveurs, & ne connoissant rien d'ailleurs dans l'Art Typographique.

Une autre Fonderie, inférieure, à la vérité, à celle dont je viens de parler, mais qui n'est pas sans mérite, fut commencée par M. Loyson, vers 1727. Il avoit épousé la veuve Briquet, qui lui apporta en mariage une très-petite Fonderie ; il l'augmenta par des caractères qu'il acheta en différents endroits, & par d'autres qu'il fit graver. Il l'a cédée à M. Briquet son beau-fils, & celui-ci l'a vendue en 1758 à M. Cappon, fondeur de caractères.

En 1640, un Maître Écrivain de Paris, nommé Pierre Moreau, travailla à faire les Poinçons & Matrices de caractères nouveaux, dans le goût de l'écriture. Il en fit de quatre sortes, favoir, une grosse & une petite batarde, une de lettres rondes, & l'autre de batarde brisée. Il en dédia les premières épreuves en 1642, à Louis XIII, qui protégea les talens de ce nouveau Typographe, en lui donnant un titre d'Imprimeur ordinaire du Roi, dont il jouit pendant quelque temps; il imprima plusieurs Ouvrages avec lesdits caractères. Le goût de cette sorte d'impression étant passé, comme elle n'étoit pas d'une utilité générale pour l'Imprimerie, Moreau fut obligé de quitter cet Art. Ses caractères passèrent à Denis Thierry, l'un des Adjoints de la Communauté; il les joignit à d'autres, & en forma une Fonderie, laquelle a passé depuis à Messieurs Collombat, père & fils, & a été achetée en 1763, par M. J. T. Hérissant, Libraire & Imprimeur.

Vers 1666, Pierre Esclassant, Libraire & Imprimeur, rassembla quelques frappes, Poinçons & des Moules, avec lesquels il forma une petite Fonderie, qui a passé à Messieurs Thiboust, père & fils, & qui appartient actuellement à la veuve du dernier.

Qu'on me permette de dire ici un mot de la mienne. Je l'ai commencée en 1736, & à peine se trouve-t-elle finie en la présente année 1766; c'est-à-dire qu'avec un travail assidu & presque continuel, il m'a fallu 29 années pour la mettre dans l'état où elle est. Je puis dire qu'elle est entièrement l'ouvrage de mes mains, ayant moi-même gravé les Poinçons, frappé & justifié les Matrices, & fabriqué une partie des Moules, tous ceux entre autres qui sont de mon invention : il n'y a point d'exemples, depuis l'origine de l'Imprimerie, qu'une Fonderie complette ait été faite par un ſeul Artiſte.

A LYON, il y a deux Fonderies; l'une ancienne & bien fournie de Frappes de caractères, qui appartient depuis long temps, de père en fils, à Mrs Lacolonge; l'autre qui eſt de peu de conſéquence. Voilà les ſeules Fonderies de France qui méritent ce nom.

ALLEMAGNE.

L'Allemagne, le berceau de l'Imprimerie, à cultivé cet Art avec ſuccès, en établiſſant pluſieurs Fonderies célèbres, leſquelles ſont communément plus riches que celles des autres Pays; parce qu'aux caractères d'uſage & communs des autres Fonderies, on ajoute ceux qui ſont propres au Pays, comme l'Allemand dit *Fracture* & le *Schwabacher* , dont il faut avoir des frappes sur tous les corps.

A VIENNE, il y a deux Fonderies, dont une apportée de Venise, appartient à M. Trattener, Fondeur & Imprimeur de l'Empereur.

A FRANCFORT sur le Mein, il y en a aussi deux ; la plus considérable, qui est très-amplement fournie de caractères anciens & modernes, est connue sous le nom de *Fonderie Luthérienne*. Elle appartient à M. Luther, descendant du fameux Luther si connu dans le monde Chrétien. Elle est fournie de Frappes des Artistes François. L'autre, suivant les épreuves publiées en 1714, appartenoit à Jean Henry Stubenvoll.

A LEIPSICK, il y en a trois; la

première & la plus considérable est à M. Jean Gottlob Emmanuel Breitkopf, Fondeur & Imprimeur. C'est la Fonderie la plus intéressante que je connoisse en Allemagne, par le nombre & la diversité des caractères anciens & modernes, des caractères de Musique & des ornements de fonte.

La plus belle des deux autres appartient à M. Hr. Echardt ; elle est assez bien fournie en caractères Latins & Allemands.

A BASLE, il y a deux Fonderies : la première, qui est très-considérable par le nombre & la diversité des caractères qu'elle contient, dont une partie sont des Maîtres François, & dont on a fait de nouvelles épreuves en 1721, appartenoit alors à M. Jean Pistorius, Fondeur & Imprimeur.

L'autre, composée de caractères dont la gravûre est plus moderne, appartient à M. Haas, très-célèbre Graveur.

Les autres Fonderies d'Allemagne, sont les suivantes; savoir, deux à *Halle*, deux à *Nuremberg*, une à *Vittemberg*, une à *Dona*, une à *Erfurt*, une à *Brunswick*, une à *Lunébourg*, une à *Cologne*, une à *Ausbourg*, une à *Prague*, une à *Stutgard* dans le Wirtemberg.

EN PRUSSE.

La Prusse n'avoit point eu de Fonderie jusqu'en 1743, qu'elle en tira une de Brunswick : elle étoit de peu de valeur, & fut établie à Berlin. Celle-ci se trouvant n'avoir aucun succès, un nommé Kanter en a établi dans la même ville une autre, composée de quelques caractères des Fonderies de Messieurs Breitkopf à Leipsick, & de Zinche à Wittemberg ; elle a été augmentée de quelques autres caractères faits par un nommé Gallner, Graveur de peu de goût & d'intelligence.

Le Roi de Prusse desirant d'établir à Berlin une Typographie Royale, sur le modèle de celle du Roi de France, donna des ordres pour chercher à Paris les Poinçons, Moules & Matrices nécessaires pour une Fonderie, premier mobile de cet établissement. M. Simon, Imprimeur de M. l'Archevêque, consulté sur cette entreprise, composa & imprima en 1741 un *Projet d'établissement d'une Imprimerie Royale à Berlin*, qui fut envoyé au Roi, avec le Recueil de mes caractères, deſtinés à former cette Fonderie. Ce projet n'ayant pas eu lieu, le Roi fit venir à Berlin un célèbre Graveur de la ville de Hague, nommé Jean-Michel Schmidt, avec ordre d'ériger une Fonderie Royale; mais les guerres ſurvenues depuis, & la mort de ce Graveur, arrivée en 1750, ont ſuſpendu cet établiſſement.

HOLLANDE ET PAYS-BAS.

La Hollande ayant fait de l'Imprimerie un des objets principaux de ſon commerce, a érigé avec ſoin & à grands frais pluſieurs célèbres Fonderies.

A AMSTERDAM, Dirk Voskins, célèbre Graveur & Fondeur de cette ville, s'y forma une Fonderie, vers la fin du dernier ſiécle; ſes caractères ſont ronds à la manière de nos grands

Maîtres, & très-bien gravés : cette fonderie à passé à sa veuve & au Sieur Zonen.

Une autre célèbre Fonderie d'Amsterdam a été formée par Christophe van Dyck, autre Graveur; elle a passé à M. Jean Bus.

Une troisième Fonderie, établie dans la même ville, & non moins belle que les deux précédentes, est celle d'Isaac Vander Putte : toutes les trois sont très-bien fournies en caractères de différentes natures, sur-tout en caractère Flamand qui a été fort en usage dans ce Pays, mais qu'on abandonne à présent.

A HARLEM, M. Rudolphe Wetstein, Imprimeur à Amsterdam, curieux en caractères, ayant hérité de quelques frappes de caractères Grecs que G.

Wetſtein ſon père avoit fait graver à Genève, fit augmenter les caractères de ſa Fonderie par le Sr J. M. Fleiſchman, très-habile Graveur.

Après la mort de M. Wetſtein, arrivée en 1742, Meſſieurs Iſaac & Jean Enſchede, frères, achetèrent cette Fonderie en 1743, & la transportèrent à Harlem pour former une Typographie complette, en la joignant à l'Imprimerie qu'ils exercent. Cette Fonderie à reçu des accroiſſements conſidérables, par les travaux & les talents dudit Sr Fleiſchman, qu'ils ont attaché à leur ſervice.

A LA HAYE, les Sieurs R. C. Alberts, & H. Vytwerf, ont établi vers 1730, une Fonderie, dont une partie des caractères ont été faits par J. M. Schmidt, habile Graveur.

A ANVERS, il y a une ancienne Fonderie qui a été long-temps célèbre. Elle fut érigée par Chriſtophe Plantin, habile Imprimeur, vers 1561. Il vint en France pour acheter des caractères de l'inventaire de la Fonderie de Garamond; Guillaume le Bé lui en vendit auſſi, & il en fit graver d'autres par Henry du Tour, de Gand, mais domicilié à Paris. Moretus, ſon gendre, en ayant hérité, elle a paſſé de lui à ſes deſcendans juſqu'à M. Moretus, Fondeur & Imprimeur, qui la poſſède actuellement. Cette Fonderie a beaucoup perdu de ſon luſtre, par le défaut d'exercice, ou par l'ignorance de pluſieurs de ceux par les mains deſquels elle a paſſé.

Une autre Fonderie d'Anvers appartient à M. Balthazar van Wolſſchaten.

Il y a encore en Hollande la Fonderie d'Athias, dite la Fonderie Juive ; à Leyde celle de Blokmar, & une à Blaeu.

ANGLETERRE.

L'Angleterre a peu de Fonderies, mais elles ſont bien fournies en toutes ſortes de caractères : les principales ſont celles de Thomas Cottrell à Oxfort ; de Jacques Watſon à Édimbourg ; de Guillaume Caſlon & fils à Londres, & de Jean Baskerville à Birmingham. Ces deux dernières méritent une attention particulière. Les caractères de celle de Caſlon ont été gravés, pour la plus grande partie, par Caſlon fils, avec beaucoup d'adreſſe & de propreté. Les épreuves qui en ont été publiées en 1749, contiennent beaucoup de ſortes différentes de caractères.

La dernière eſt plus moderne. M. Baskerville, riche particulier, à établi à Birmingham, lieu de ſa réſidence, renommé pour les belles manufactures en acier, une Papetrie, une Imprimerie & une Fonderie; il n'a épargné ni ſoins ni dépenſes pour les porter à la plus haute perfection : les caractères ſont gravés avec beaucoup de hardieſſe, les italiques ſont les meilleures qu'il y ait dans toutes les Fonderies d'Angleterre; mais les romains ſont un peu trop larges. Il a déja publié quelques éditions faites avec ſes nouveaux caractéres, elles ſont de vrais chefs-d'œuvres pour la netteté. Quelques-unes ſont ſur du papier liſſe; quoiqu'elles fatiguent un peu la vue, on ne peut diſconvenir que ce ne ſoit la plus belle choſe qu'on ait encore vue en ce genre.

ITALIE.

Ce Pays, qui a contribué à l'augmentation des premiers progrès de l'Imprimerie par l'établiſſement des célèbres Fonderies de Veniſe, ne conſerve preſque plus rien de ſa première ſplendeur à cet égard. Il y a encore quelques Fonderies à Veniſe, mais elles ſont peu eſtimées. Dans le ſiécle dernier il y en avoit une très-précieuſe par la beauté des caractères Latins & Grecs, provenant des Maîtres François; elle appartenoit à Deucheni.

La ville de Rome, autrefois le centre des beaux Arts, n'a qu'une Fonderie qui mérite d'être connue, c'eſt celle du Vatican. Elle fut commencée vers 1578, par le célèbre Graveur François, Robert Granjon, qui fut appellé à Rome par le Pape Grégoire XIII. Il travailla ſous les ordres du Cardinal de Médicis à pluſieurs caractères Latins, Arabes, Syriaques, Arméniens, Illyriens, ou Moſcovites. Cette Fonderie, qui a été négligée depuis, fait partie de la Typographie du Vatican.

Le Piémont, ainſi que la Savoye, n'eſt pas riche en Fonderies. Une ſeule, établie vers 1742 à Turin, & pour laquelle j'ai fourni quelques frappes de mes Caractères, ſuffit pour ces deux Pays. Elle appartient à une ſociété de perſonnes attachées à l'Imprimerie Royale.

A Milan, il n'y a qu'une ſeule & mauvaiſe Fonderie, établie en 1719, par un Imprimeur nommé Bellagata, qui acheta les Poinçons & Matrices d'Ignace-Antoine Keblin, Graveur & Fondeur ambulant, qui alloit de ville en ville. Elle a passé à trois frères, nommés Sangiusti, dont un Ecclésiastique & les deux autres horlogers. Ces deux derniers étant morts, elle est restée entre les mains de l'Ecclésiastique.

Il y a environ 20 ans qu'un nommé le Grand, Fondeur de caractères & très-mauvais Graveur, établit sa Fonderie à Avignon. Elle a passé à M. Pernot, qui l'a fait augmenter de quelques frappes d'autres caractères.

ESPAGNE.

L'Espagne est privée de Graveurs en caractères : elle n'a que deux Fonderies qui sont à Madrid, l'une appartient aux Jésuites qui l'afferment cinq ou six cents livres ; l'autre fut achetée à Paris en 1748, de M. Cottin, Fondeur de caractères, qui la vendit trente mille livres.

SUEDE.

Quoiqu'il y ait en Suède d'excellents Médailleurs, il n'y a point de Graveurs en caractères qui y ſoient fixés. J'ai fourni quelques frappes de mes caractères pour une Fonderie établie à Stokolm, ſous l'autorité du Roi, par M. Momma.

DANEMARCK.

Il n'y a point non plus de Graveurs de caractères dans ce Royaume : deux Fonderies établies à Coppenhague ſont formées en partie des Poinçons de M. Breitkopf à Leipſick, & de M. Zincke à Wittemberg.

PORTUGAL.

La ville de Lisbonne a une Fonderie qui y a été établie il y a environ 35 ans, par un Fondeur de Paris, nommé Devilleneuve.

RUSSIE.

Ce n'eſt que depuis une quinzaine d'années qu'on a commencé à former quelques Fonderies dans ce Pays. Les Fonderies de Leipſick & de Wittemberg ont fourni aux Académies de Pétersbourg & de Moſcou quelques frappes pour commencer deux Fonderies. Depuis, un Graveur aſſez habile a paſſé à Pétersbourg, où il a gravé pluſieurs ſortes de caractères, Latins, Ruſſes, &c. dont on a fait uſage dans quelques éditions.

POLOGNE.

L'Imprimerie n'eſt pas en honneur dans ce Pays. Le peu d'uſage qu'on en fait, ne demande pas beaucoup de Fonderies, auſſi n'y en a-t-il qu'une fort médiocre à Warſovie.

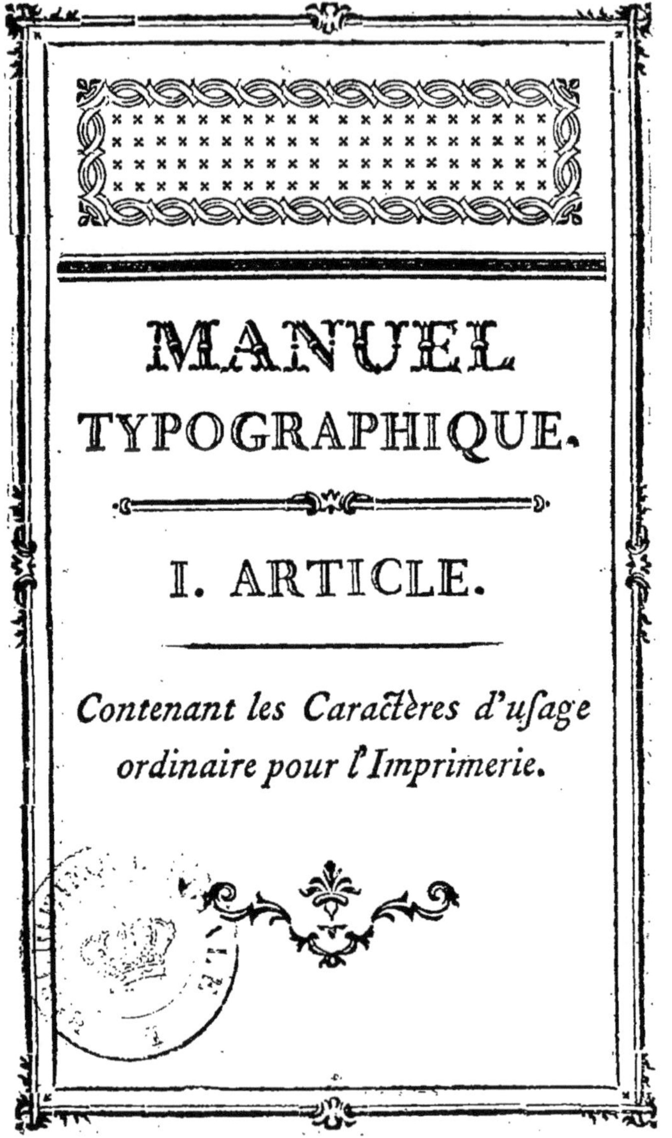

MANUEL TYPOGRAPHIQUE.

I. ARTICLE.

Contenant les Caractères d'usage ordinaire pour l'Imprimerie.

I.

PARISIENNE, ROMAIN.

QUAND on excelle dans son Art, & qu'on lui donne toute la perfection dont il est capable, l'on en sort en quelque manière ; & l'on s'égale à ce qu'il y a de plus noble & de plus relevé. Vignon est un Peintre, Colasse un Musicien, & l'Auteur de Pyrame est un Poëte ; mais Mignard est MIGNARD, Lully est LULLY, & Corneille est CORNEILLE.

Après le mérite personnel, il faut l'avouer, ce sont les éminentes dignités & les grands titres dont les hommes tirent plus de distinction & plus d'éclat ; & qui ne sait être un ERASME doit penser à être Evêque. Quelques-uns, pour étendre leur renommée, entassent sur leurs personnes des Pairies, des Colliers d'Ordre, des Primaties, la Pourpre, ils auroient besoin d'une Tiare : mais quel besoin a BENIGNE d'être Cardinal ?

Un honnête homme se paye par ses mains de l'application qu'il a à son devoir, par le plaisir qu'il sent à le faire, & se désintéresse sur les éloges, l'estime & la reconnoissance qui lui manquent quelquefois.

II.

PARISIENNE, ITALIQUE.

QUI peut, avec les plus rares talens & le plus excellent mérite, n'être point convaincu de son inutilité, quand il considère qu'il laisse, en mourant, un monde qui ne se sent pas de sa perte, & où tant de gens se trouvent pour le remplacer ?

Combien d'hommes admirables, & qui avoient de très-beaux génies, sont morts sans qu'on en ait parlé ! Combien vivent encore dont on ne parlera jamais !

Quelle horrible peine à un homme qui est sans prôneurs & sans cabale, qui n'est engagé dans aucun Corps, mais qui est seul, & qui n'a que beaucoup de mérite pour toute recommandation, de se faire jour à travers l'obscurité où il se trouve, & de venir au niveau d'un fat qui est en crédit !

Les hommes sont trop occupés d'eux-mêmes pour avoir le loisir de pénétrer ou de discerner les autres : de là vient qu'avec un grand mérite, & une plus grande modestie, on peut être long-temps ignoré.

NOMPAREILLE.

LORSQUE l'on considère les biens & les maux que l'éloquence fait dans le monde, il est difficile de juger si elle est plus utile que dommageable, & si l'on n'a pas lieu de regretter cette bienheureuse simplicité des premiers siècles, où les hommes s'exprimoient avec un langage grossier, mais sincère, & qui étoit toûjours une image fidèle de leurs sentimens.

L'artifice des paroles n'étoit point nécessaire, dans un temps où l'avarice ni l'envie n'étoient pas connues, & où l'envie ni la haine, ni tant d'autres passions qui troublent maintenant la société civile, n'avoient pas encore infecté le cœur humain.

Comme la vertu toute simple & dépourvûe du secours de l'éloquence est presque inutile aux autres & à soi, aussi l'éloquence qui n'est pas accompagnée de la vertu, traîne souvent après elle l'oppression des particuliers & la ruine de l'Etat.

Il vaudroit mieux, dit Quintilien, être né muet & ne raisonner jamais, que d'employer sa raison & sa langue à détruire la vérité, à protéger le mensonge & à persécuter l'innocence.

On a vû quelquefois des Avocats, pour un foible intérêt, par une animosité secrette, & souvent par une vaine gloire, prêter des armes à la chicane, insulter aux misérables, déchirer la réputation des gens de bien & des personnes même les plus élevées en dignité.

Ces faux Orateurs font vanité, comme cet Ambassadeur Athénien, d'avoir su parler d'une égale force pour & contre la vérité, d'avoir tourné subtilement à leur avantage les dispositions les plus contraires de la loi.

NOMPAREILLE.

ENTRE les desordres que l'Éloquence cause, il n'y en a point de si terribles que ceux que fait dans la justice cette licence effrénée de parler, cet air audacieux & décidé d'assurer les choses, de les colorer & de les déguiser comme on veut. Les Loix, les Ordonnances, toutes nos maximes, en seroient ébranlées jusqu'aux fondemens, si les Juges ne les soûtenoient avec fermeté.

La parole n'est faite que pour la Vérité. C'est pour l'expliquer & pour la défendre que l'Éloquence est instituée : mais il est des vérités que l'on doit cacher, d'autres que l'on doit apprêter avec une grande discrétion.

Un mot tû par sagesse vaut mieux que mille échappés par indiscrétion. Le cœur de l'imprudent est sur ses lévres, mais la langue du sage est dans le fond de son cœur.

Le plus grand éloge qu'on puisse faire d'un Avocat est la louange que les Romains donnoient à Caton : Qu'il n'avoit jamais rien dit en plaidant ni en opinant dans le Sénat, dont il eût sujet de se repentir.

Pour devenir parfaitement éloquent, il faut apprendre à se taire aussi bien qu'à parler. L'air du discours entre ordinairement dans l'esprit avant le discours même. Pour y entrer efficacement, il ne suffit pas toûjours d'avoir raison ; il faut parler d'une manière à faire entendre, à faire goûter la raison.

On décrie, on deshonore en quelque sorte la vérité, en la couvrant des marques ordinaires de l'injustice & du mensonge.

NOMPAREILLE, GROS ŒIL.

L'HOMME qui n'aime que soi ne hait rien tant que d'être seul avec soi. Il ne recherche rien que pour soi, & cependant il se fuit, parce que quand il se voit, il ne se voit pas tel qu'il se désire, & qu'il trouve en soi-même un amas de misères inévitables, & un vuide de biens réels & solides qu'il est incapable de remplir.

Qu'on choisisse telle condition qu'on voudra, & qu'on y assemble toutes les satisfactions qui semblent pouvoir contenter un homme : si celui qu'on aura mis en cet état est sans occupation & sans divertissement, & qu'on le laisse faire réflexion sur ce qu'il est, cette félicité languissante ne le soûtiendra pas ; il tombera par nécessité dans des vûes affligeantes de l'avenir, & si on ne l'occupe hors de lui, le voilà nécessairement malheureux.

Aussi la principale chose qui soûtient les hommes dans les grandes charges, d'ailleurs si pénibles, c'est qu'ils sont sans cesse détournés de penser à eux.

Qu'est-ce autre chose d'être Surintendant, Chancelier, premier Président, que d'avoir un grand nombre de gens qui viennent de tous côtés, pour ne leur pas laisser une heure dans la journée où ils puissent penser à eux mêmes. Et quand ils sont dans la disgrace, & qu'on les renvoie dans leurs maisons de campagne, où ils ne manquent ni de biens ni de domestiques pour les servir, ils ne laissent pas d'être misérables, parce que personne ne les empêche plus de penser à eux.

De là vient que les hommes aiment tant le bruit & le tumulte du monde, que la prison est un supplice si horrible, & qu'il y a si peu de personnes qui soient capables de souffrir la solitude.

Les hommes ont un instinct secret qui les porte à chercher le divertissement & l'occupation au dehors, qui vient du ressentiment de leur misère continuelle. Ils ont un autre instinct secret qui reste de la grandeur de leur première nature, qui leur fait connoître que le bonheur n'est que dans le repos.

NOMPAREILLE, GROS ŒIL.

L'EXEMPLE de la chasteté d'Alexandre n'a pas tant fait de continens, que son ivrognerie a fait d'intempérans. On n'a pas de honte de n'être pas aussi vertueux que lui, & il semble excusable de n'être pas plus vicieux. On croit n'être pas tout à fait dans les vices du commun des hommes, quand on se voit dans les vices de ces grands hommes; & cependant on ne prend pas garde qu'ils sont en cela du commun des hommes. On tient à eux par le bout par où ils tiennent au peuple. Quelque élevés qu'ils soient, ils sont unis au reste des hommes par quelque endroit; ils ne sont pas suspendus en l'air, & séparés de notre société. S'ils sont plus grands que nous, c'est qu'ils ont la tête plus élevée; mais ils ont les pieds aussi bas que les nôtres. Ils sont tous à même niveau & s'appuient sur la même terre, & par cette extrémité ils sont aussi abaissés que nous, que les enfans, que les bêtes.

Les grands & les petits ont mêmes accidens, mêmes fâcheries & mêmes passions. Mais les uns sont au haut de la roue & les autres près du centre, & ainsi moins agités par les mêmes mouvemens.

Que l'on a bien fait de distinguer les hommes par l'extérieur plûtôt que par les qualités intérieures! Qui passera de nous deux? Qui cédera la place à l'autre? Le moins habile? Mais je suis aussi habile que lui. Il faudra se battre sur cela. Il a quatre laquais & je n'en ai qu'un: cela est visible, il n'y a qu'à compter; c'est à moi à céder, & je suis un sot si je conteste. Nous voilà en paix par ce moyen; ce qui est le plus grand des biens.

On ne passe point dans le monde pour se connoître en vers, si l'on n'a pas mis l'enseigne de poëte, ni pour être habile en mathématique, si l'on n'a mis celle de mathématicien. Mais les vrais honnêtes gens ne veulent point d'enseigne & ne mettent guère de différence entre le métier de poëte & celui de brodeur. Ils ne sont point appelés ni poëtes ni géomètres, mais ils jugent de tous ceux-là.

MIGNONE, PETIT ŒIL.

ON ne voit presque rien de juste ou d'injuste, qui ne change de qualité en changeant de climat. Trois degrés d'élévation du Pole renversent toute la Jurisdiction. Un Méridien décide de la vérité, ou peu d'années de possession. Les loix fondamentales changent; le droit a ses époques. Plaisante justice, qu'une rivière ou une montagne borne! Verité en deçà des Pirénées, erreur au delà.

L'opinion dispose de tout; elle fait la beauté, la justice & le bonheur, qui est le tout du monde.

Le plus grand Philosophe sur une planche plus large qu'il ne faut pour marcher à son ordinaire, s'il y a au dessous un précipice, quoique sa raison le convainque de sa sûreté, son imagination prévaudra. Plusieurs n'en sauroient soûtenir la pensée sans pâlir de crainte. Qui ne sait qu'il y en a à qui la vûe des chats, des rats, l'écrasement d'un charbon, emporte la raison hors des gonds?

L'esprit du plus grand homme du monde n'est pas si indépendant, qu'il ne soit sujet à être troublé par le moindre tintamarre qui se fait autour de lui. Il ne faut pas le bruit d'un canon pour empêcher ses pensées, il ne faut que celui d'une girouette ou d'une poulie. Ne vous étonnez pas s'il ne raisonne pas bien à présent: une mouche bourdonnera à ses oreilles; c'en est assez pour le rendre incapable de bon conseil. Si vous voulez qu'il puisse trouver la verité, chassez cet animal qui tient sa raison en échec, & trouble cette puissante intelligence qui gouverne les villes & les Royaumes.

MIGNONE, PETIT ŒIL.

RIEN n'est si important à l'homme que son état ; rien ne lui est si redoutable que l'éternité. Et ainsi, qu'il se trouve des hommes indifférens à la perte de leur être & au péril d'une éternité de misère, cela n'est point naturel. Ils sont tout autres à l'égard de toutes autres choses : ils craignent jusqu'aux plus petites, ils les prévoient, ils les sentent ; & ce même homme qui passe les jours & les nuits dans la rage & dans le desespoir pour la perte d'une charge ou pour quelque offense imaginaire à son honneur, est celui-là même qui sait qu'il va tout perdre par la mort, & qui demeure néanmoins sans inquiétude, sans trouble & sans émotion.

Cette étrange insensibilité pour les choses les plus terribles, dans un cœur si sensible aux plus légères, est une chose monstrueuse ; c'est un enchantement incompréhensible & un assoupissement surnaturel.

Un homme dans un cachot, ne sachant si son arrêt est donné, n'ayant plus qu'une heure pour l'apprendre, & cette heure suffisant, s'il sait qu'il est donné, pour le faire révoquer, il est contre la nature qu'il emploie cette heure là, non à s'informer si cet arrêt est donné, mais à jouer. C'est l'état où se trouvent ces personnes, avec cette différence que les maux dont ils sont menacés sont bien autres que la simple perte de la vie & un supplice passager que ce prisonnier appréhenderoit. Cependant ils courent sans souci dans le précipice, après avoir mis devant leurs yeux quelque chose pour s'empêcher de le voir, & ils se moquent de ceux qui les en avertissent.

MIGNONE, GROS ŒIL.

Nos Reines alloient en litière ou à cheval. Catherine de Médicis est la première qui ait eu un carrosse. Le Premier Président de Thou en fit faire un, parce qu'il avoit la goute : sa femme alloit dans Paris à cheval, en croupe derrière un domestique.

Ces carrosses, ou coches, étoient faits comme le sont ceux des Messageries, avec de grandes portières de cuir qu'on abaissoit pour y entrer : on n'y mettoit que des rideaux ; s'il y avoit eu des glaces au carrosse de Henri IV, peut-être n'auroit-il pas été tué. Bassompierre, sous le règne de Louis XIII, fut le premier qui fit faire un petit carrosse avec des glaces. Pendant la minorité de Louis XIV, presque tous les gens de la Cour, qui n'avoient point d'incommodités, alloient encore à cheval, & se présentoient chez les Dames & aux assemblées, & se mettoient à table avec leurs bottines & leurs éperons. Le nombre des carrosses, qui ne montoit dans Paris, en 1658, qu'à trois cents dix ou vingt, monte aujourd'hui à plus de quatorze mille.

Le luxe est insultant, parce qu'il est journellement & frivolement dépensier ; c'est l'appétit & le triomphe des petites ames ; il naît & se nourrit de l'envie ridicule de paroître plus qu'on n'est, en s'égalant par l'extérieur à ceux qui sont d'une condition au dessus de la nôtre.

MIGNONE, GROS ŒIL.

GILLES le Maitre, Premier Préſident du Parlement ſous Henri II, ſtipuloit dans le bail qu'il paſſoit avec les fermiers de ſa terre près de Paris, qu'aux quatre bonnes fêtes de l'année & au temps des vendanges, ils lui ameneroient une charette couverte, & de la paille fraiche dedans, pour y aſſeoir ſa femme & ſa fille; & qu'ils lui ameneroient auſſi un ânon, ou âneſſe, pour monture de leur chambrière; il alloit devant ſur ſa mule, accompagné de ſon clerc à pied.

François de Montholon, Garde des Sceaux, avoit accompagné François I à la Rochelle, où il y avoit eu une ſédition. Ce Prince lui fit préſent de l'amende de deux cents mille livres à laquelle il condamna les Rochelois. Montholon leur remit cette amende, à condition qu'ils feroient bâtir dans leur ville un hôpital pour les malades. Il logeoit, avec toute ſa famille, au coin de la rue Saint-André des arts & de la rue Gillecœur, dans une maiſon où il n'y avoit qu'une ſalle & une petite cuiſine au rez de chauſſée, deux chambres au premier étage, deux au ſecond, & un grenier au troiſième.

PETIT-TEXTE ORDINAIRE.

IL y a long-temps qu'on a comparé le Corps Politique au corps humain. La bonne ou la mauvaiſe ſanté du corps dépend de la manière dont chaque partie fait ſa fonction : ce n'eſt point en ſe mêlant des fonctions de l'eſtomac , que les pieds deviendroient utiles.

L'Univers ſeroit trop admirable, ſi perſonne n'y jouoit que le rôle qui lui eſt propre. Sous prétexte que l'abus eſt général, il ne faut pas s'y livrer. Il arrive ſur le théâtre du Monde ce qui arrive ſur celui de la Comédie : on y ſiffle les Acteurs qui repréſentent des perſonnages pour leſquels ils ne ſont pas faits.

L'Artiſan le plus vil, qui fait bien ſon métier, eſt plus cher à la Société qu'un Miniſtre & un Général d'Armée qui font mal le leur.

Tout ſeroit confondu, ſi l'Homme de finance vouloit ſervir ſa Patrie en commandant les armées , & l'Homme de guerre en conduiſant les finances. C'eſt rarement le zèle du bien public qui fait ſortir des bornes de ſon état. Chacun a les ſiennes, dans leſquelles il eſt plus heureux & plus utile de ſe renfermer : l'eſprit humain ne peut ſuffire à tout.

PETIT-TEXTE, ŒIL MOYEN.

ON ſe plaint de ce qu'il n'y a plus de Citoyens : comment y en auroit-il ? chacun eſt à ſoi-même ſon Etat, ſa Ville & ſon Roi. Un ſoin modéré de ſa fortune eſt permis ; mais on ſacrifie tout autre ſoin à celui-là : l'intérêt public n'eſt compté pour rien. On regarde comme une vertu Romaine & qui n'eſt plus de ſaiſon, ce dévouement, cette conſécration entière de ſes talens au bien de l'Etat. On n'en recueille, dit-on, pour ſoi & pour les ſiens, que de l'ingratitude & de la miſère ; comme ſi le ſervice de l'Etat n'étoit pas, ſelon nos conſtitutions, la voie la plus aſſûrée de faire ſa fortune ; & comme s'il n'y avoit pas de quoi ſe conſoler de ne l'avoir pas faite, quand on peut ſe répondre à ſoi-même d'avoir travaillé pour le bien commun de la Société.

Les Colberts & les Louvois auroient-ils travaillé plus utilement pour leurs familles, en ne ſe propoſant que leur avantage, qu'en s'immolant, comme ils ont fait, au bien de l'Etat ? Leur fortune s'eſt trouvée faite comme d'elle même, & ils jouiſſent de la gloire d'avoir été de leur temps les hommes les plus utiles à leur Patrie. On les propoſe encore avec raiſon comme des Hommes rares.

PETIT-TEXTE, GROS ŒIL.

LE mot de Patrie, ce mot si touchant, si expressif, si cher pour quiconque a un cœur & la liberté, ce mot presque oublié ailleurs, Athènes & Rome, en le gravant dans tous les cœurs, le faisoient retentir de toutes parts. Il présidoit aux festins ainsi que dans les combats, aux jeux de même que dans les affaires; dans les places publiques, il assembloit & ravissoit la multitude; dans les maisons privées, il faisoit les délices & comme la principale richesse de chaque famille; on l'y entendoit plus souvent que celui même de père, de fils, d'époux. L'enfant le bégayoit au berceau; le vieillard le prononçoit avec chaleur au lit même de la mort; c'étoit, pour ainsi dire, le cri de l'État; après le nom des Dieux, il n'en étoit point de plus révéré.

Au milieu des assemblées de Rome, la Patrie étoit comme dans un Temple où elle recevoit l'hommage & les vœux de ses adorateurs. C'est-là qu'on venoit lui sacrifier son cœur à la face de toute la République; c'est-là que, dans le silence des passions particulières, la passion générale parloit éloquemment.

Petit-texte, gros œil, dans le goût Hollandois.

L'IMMORTALITÉ de l'ame eſt ce qui nous importe ſi fort & qui nous touche ſi profondément, qu'il faut avoir perdu tout ſentiment pour être dans l'indifférence de ſavoir ce qui en eſt. Toutes nos actions & toutes nos penſées doivent prendre des routes ſi différentes, ſelon qu'il y aura des biens éternels à eſpérer ou non, qu'il eſt impoſſible de faire une démarche avec ſens & jugement qu'en la réglant par la vûe de ce point, qui doit être notre dernier objet.

Ainſi notre premier intérêt & notre premier devoir eſt de nous éclaircir ſur ce ſujet d'où dépend toute notre conduite. C'eſt pourquoi, parmi ceux qui n'en ſont pas perſuadés, il y a une extrême différence entre ceux qui travaillent de toutes leurs forces à s'en inſtruire, & ceux qui vivent ſans s'en mettre en peine & ſans y penſer.

Je ne puis avoir que de la compaſſion pour ceux qui gémiſſent ſincèrement dans ce doute, qui le regardent comme le dernier des malheurs, & qui, n'épargnant rien pour en ſortir, font de cette recherche leur principale occupation : mais pour celui qui paſſe ſa vie ſans penſer à cette dernière fin, il m'irrite plus qu'il ne m'attendrit; il m'étonne & m'épouvante, c'eſt un monſtre pour moi.

PETIT-TEXTE.

UN emploi eſt-il prêt à vaquer ? cent femmes ſont auſſi-tôt en campagne, & volent chez le Miniſtre : elles y ſont l'écho perpétuel du mérite factice de leurs protégés. Des ſoins plus importans lui dérobent le loiſir de l'examen, il les croit ſur parole, & l'emploi eſt donné à celui qui a fait répéter ſon nom par le plus grand nombre de voix impoſantes.

L'homme de mérite, au contraire, ne vante jamais ſes talens ; il attend l'occaſion de les mettre en œuvre, & l'occaſion ne le cherche pas. Il a l'extérieur & le langage ſimples : il ne perd pas ſa matinée à étudier les attitudes & les phraſes du ſoir : il travaille beaucoup, & voit peu de monde : ſes amis ſont des gens de mérite comme lui ; par conſéquent, il eſt peu connu. Il reſte ignoré, ou remis à une autre fois : cependant il n'a qu'à vivre, on ſentira ce qu'il vaut ; mais alors il ne pourra plus jouir de ce qu'on fera pour lui. L'État n'en profitera qu'un inſtant ; l'âge l'éteint, il perd ſa chaleur & ſon éclat, on a trop attendu. Il ne falloit pas le laiſſer éclipſer ſi long-temps par les faux brillans qu'on lui a préférés. On juge ſouvent les hommes comme on fait les livres, par l'apparence, ou ſur le titre ou la couverture.

Gaillarde, petit Œil.

Devroit-il ſuffire d'avoir été grand & puiſſant dans le monde, pour être louable & célébré à ſes funérailles devant le ſaint autel & dans la chaire de vérité ? N'y a-t-il point d'autre grandeur que celle qui vient de l'autorité & de la naiſſance ? Pourquoi n'eſt-t-il pas établi de faire publiquement le Panégyrique d'un homme qui a excellé pendant ſa vie dans la bonté, dans l'équité, dans la douceur, dans la fidélité, dans la piété ? Ce qu'on appelle une Oraiſon funèbre n'eſt aujourd'hui bien reçu du plus grand nombre des auditeurs, qu'à meſure qu'elle s'éloigne davantage du diſcours chrétien ou qu'elle approche de plus près d'un éloge profane.

GAILLARDE, PETIT ŒIL.

CE qu'on appelle communément un homme charmant, est un homme qui ne sait rien, & décide de tout; qui s'est fait un répertoire de trente attitudes indécentes ou ridicules; qui est instruit de tout ce qui se passe dans le monde, & lit des premiers les misères qui paroissent; qui se pique des plus profondes connoissances sur les modes, & se met toûjours à ravir; dont toutes les voitures sont élégantes, & les chevaux toujours rendus; qui va chaque jour dans trente maisons; qui s'engage à souper dans vingt endroits, & vient à dix heures en demander où il n'est pas attendu; qui sait tirer une douzaine de phrases d'un mot qui ne signifie rien; qui ment avantageusement sur son compte, & plaisamment sur celui des autres; qui veut paroître le tyran de toutes les femmes, & n'est que la ressource de celles qui sont décriées, le jouet des coquettes, l'esclave des bons airs, & le fléau de la bonne compagnie: cependant, marionnette assez amusante pour quelqu'un de raisonnable qui ne le voit qu'une fois & qu'un moment.

GAILLARDE,

dans le goût Hollandois.

DÉMÉTRIUS de Phalère conſeilloit à Ptolemée d'acheter les livres qui traitent du gouvernement. Vous y trouverez, lui dit-il, ce que jamais courtiſan n'oſa dire à ſon maître.

Il eſt auſſi néceſſaire à un prince d'être éclairé ſur les récompenſes que ſur les châtimens qu'il diſpenſe. Satibarzanes, favori d'Artaxerxès Longue-main, lui demandoit un emploi pour un homme incapable de le remplir. Artaxerxès ayant appris que cet homme avoit promis trente mille dariques à Satibarzanes, ſe fit apporter une pareille ſomme. Prends cet argent, dit-il à ſon favori; car pour te l'avoir donné je n'en ſerai pas plus pauvre, mais ſi je t'accordois la grace que tu ſollicites, j'en ſerois moins juſte.

GAILLARDE, GROS ŒIL.

LES professions les plus élevées sont les plus dépendantes ; dans le temps même qu'elles tiennent tous les autres états soûmis à leur autorité, elles éprouvent à leur tour cette sujétion nécessaire où l'ordre de la Société a réduit toutes les conditions.

Celui que la grandeur de ses emplois élève au dessus des autres hommes, reconnoît bientôt que le premier jour de sa dignité a été le dernier de son indépendance.

GAILLARDE, GROS ŒIL.

Si l'amour de la Justice, si le desir de servir la Patrie, peuvent soûtenir dans son état un homme qui est en place, ils ne peuvent l'empêcher de sentir qu'il est esclave, & de regretter ces jours heureux dans lesquels il ne rendoit compte de son travail & de son loisir qu'à lui même.

La nature fait le mérite, mais c'est la fortune qui le met en œuvre.

N°. XXI. 20

PETIT-ROMAIN ORDINAIRE.

LES égaremens de l'esprit humain sont quelquefois si ridicules, qu'on a de la peine à les croire. En Égypte, le maître de la maison où mouroit un chat, se rasoit le sourcil gauche en signe de deuil. Il n'y a pas deux cents ans qu'en France on procédoit contre les rats avec les mêmes formalités que contre les hommes. Le célèbre Chasseneuz, qui fut depuis premier Président au parlement de Provence, n'étant encore qu'Avocat du Roi au bailliage d'Autun en Bourgogne, prit la défense des rats contre une sentence d'excommunication lancée contr'eux par l'évêque d'Autun. Il remontra, dit M. de Thou, que le terme qui leur avoit été donné pour comparoître, étoit trop court, d'autant plus qu'il y avoit pour eux du danger à se mettre en chemin, tous les chats des villages étant aux aguets pour les saisir.

Petit-romain, œil moyen.

On feroit tenté de s'écrier : O vertu, ne ferois-tu qu'une chimère & qu'un fantôme vain ? On aime à entendre proférer ton nom ; on veut même être foupçonné de te rendre hommage ; mais malheur à quiconque le fait. On ne fauroit foutenir fes regards fans s'avouer intérieurement coupable ; fa préfence eft un témoin muet qui dépofe contre la corruption du cœur : il n'en faut pas davantage, c'eft un homme noté. En effet, eft-on excufable d'ofer avoir des mœurs & de la Religion, quand perfonne n'en a plus ? Quelle incongruité !

On rencontre tous les jours des gens que leur infamie avoit chaffés de la fociété, qui font actuellement les plus honnêtes hommes du monde, qui ont des Terres à clocher, des Marquifats, des Palais, & dont les fils tiennent un rang diftingué.

PETIT-ROMAIN, GROS ŒIL.

LES honneurs, l'autorité & les richeſſes ne méritent pas d'être comptés parmi les biens, parce qu'ils n'ont d'autre utilité que celle que les hommes y attachent. Que me ſert en effet la poſſeſſion de pluſieurs terres, ſi une ſeule de grandeur médiocre ſuffit à mon néceſſaire, & me donne un air auſſi libre à reſpirer? L'autorité ſur les autres hommes apporteroit-elle plus de calme à mon eſprit? Toutes les perles de l'Orient, jointes à tout l'or des Indes, ne rendroient pas mon ſommeil plus doux ni ma ſanté plus robuſte.

C'eſt le jugement ſain, le bon eſprit, le bon cœur, en un mot, c'eſt la ſageſſe, & non pas le bien, qui nous procure, par la tranquillité de l'ame, la véritable abondance & le vrai bonheur.

PETIT-ROMAIN, GROS ŒIL,
dans le goût Hollandois.

L'AME eſt jetée dans le corps pour y faire un ſéjour de peu de durée. Elle ſait que ce n'eſt qu'un paſſage à un voyage éternel, & qu'elle n'a que le peu de temps que dure la vie pour s'y préparer. Les néceſſités de la nature lui en raviſſent une très-grande partie : il ne lui en reſte que très-peu dont elle puiſſe diſpoſer ; mais ce peu qui lui reſte l'incommode ſi fort & l'embarraſſe ſi étrangement, qu'elle ne ſonge qu'à le perdre. C'eſt pour elle une peine inſupportable d'être obligée de vivre avec ſoi & de penſer à ſoi. Ainſi tout ſon ſoin eſt de s'oublier ſoi-même, & de laiſſer couler un temps ſi court & ſi précieux ſans réflexion, en s'occupant des choſes qui l'empêchent d'y penſer.

N°. XXV. 24

PETIT-ROMAIN.

IL y avoit autrefois chez les Turcs de fréquentes contestations touchant la preséance entre les gens de guerre & les gens de loi : le Grand Seigneur, pour les mettre d'accord, déclara que la main gauche seroit desormais la plus honorable parmi les gens de guerre, & la main droite parmi les gens de loi ; ainsi, quand ces deux corps marchent ensemble, chacun croit être dans la place d'honneur. Combien de fois a-t-on vû des Corps entiers & respectables, ou des personnes en place, retarder l'expédition des affaires les plus importantes pour des minuties de cérémonial !

L'homme croit souvent se conduire lorsqu'il est conduit ; & pendant que par son esprit il tend à un but, son cœur, le temps, les circonstances, l'entraînent insensiblement à un autre.

PHILOSOPHIE POÉTIQUE.

SANS les poëtes & les peintres, nous aurions raison de négliger entièrement l'étude de la Mythologie, puisque les objets de cette étude ne sont que des extravagances pitoyables. Des Dieux faits de même que les hommes, l'un boiteux, l'autre aveugle ; des Dieux adultères & voleurs ; des Dieux réduits à un état de foiblesse & de misère. Ils fuient en Egypte pour s'y cacher sous la forme de divers animaux.

XXVII.

APOLLON, chassé du ciel, est contraint de garder les troupeaux : il s'afflige de la mort de son fils Esculape. Cybèle pleure Atys. Neptune, devenu maçon, ne peut se faire payer de ses journées : l'un est bouffon par état, l'autre forgeron. Sont-ce là des idées dignes de la Divinité ?

PHILOSOPHIE, PETIT ŒIL.

JE ſens qu'il y a un Dieu, & je ne ſens pas qu'il n'y en ait point; cela me ſuffit, tout le raiſonnement du monde m'eſt inutile; je conclus que Dieu exiſte. Cette concluſion eſt dans ma nature: j'en ai reçu les principes trop aiſément dans mon enfance, & je les ai conſervés depuis trop naturellement dans un âge plus avancé, pour les ſoupçonner de fauſſeté. Mais il y a des eſprits qui ſe défont de ces principes. C'eſt une grande queſtion s'il s'en trouve de tels; & quand il ſeroit ainſi, cela prouve ſeulement qu'il y a des monſtres.

L'impoſſibilité où je ſuis de prouver que Dieu n'eſt pas, me découvre ſon exiſtence.

PHILOSOPHIE
dans le goût Hollandois.

UN grand Seigneur peut être diſtingué dans le public, en n'ayant qu'un laquais derrière ſon carroſſe, mais un page ſur le devant. Ce page, qui ſervira à le faire diſtinguer, produira en même temps un bien, en ce que, par vanité même, ces hommes d'or, & qui n'ont d'autres titres que leurs richeſſes, ne voudront plus avoir derrière leurs carroſſes trois ou quatre valets qui ne ſerviroient alors qu'à les faire mieux remarquer, & qu'à rendre leur faſte plus ridicule, n'ayant pas de page.

A l'égard des Magiſtrats, je penſe que dans un carroſſe ſimple, & dont la couleur leur ſeroit affectée, ils s'attireroient bien mieux la conſidération publique, que dans ces carroſſes chargés de valetailles.

PHILOSOPHIE, ŒIL SERRÉ.

TOUS les hommes vivent comme s'ils avoient fait entr'eux une convention de se tromper, de se nuire, de se déchirer : la convention est tacite, mais elle est générale. On avoue bien qu'il seroit plus beau dans l'ordre des choses de voir une même bonté, une même sincérité, une même probité, faire cette uniformité de conduite ; mais parce que le grand nombre est corrompu, on ne veut pas se corriger seul, de crainte d'être la dupe des autres.

Qui avoue une faute, la répare ; c'est une sorte de satisfaction qu'il fait à la société : & qui ne l'avoue pas, la renouvelle autant de fois qu'il la soutient.

PHILOSOPHIE, GROS ŒIL.

L'intempérance de la langue eſt une des plus dangereuſes maladies de l'eſprit ; c'eſt un mal inquiet & intraitable. Le venin des aſpics, pour nous ſervir des termes de Salomon, eſt ſous la langue de l'homme injuſte & éloquent ; la vie & la mort ſont entre ſes mains : rien de ſi dangereux que ſes paroles ; elles partent de ſa bouche comme des éclairs. La violence des aquilons & la rapidité des torrents ne font point tant de ravages que ſes diſcours : ils forment l'orage & le ſoutiennent, pour faire tomber la foudre avec plus de puiſſance.

PHILOSOPHIE, PETIT ŒIL.

NOTRE histoire nous présente ſans ceſſe les plus grands exemples d'humanité, de deſintéreſſement, de courage & d'un empreſſement général à courir à la gloire ; pourquoi dans les collèges ne nous pas citer ces exemples ? Les belles actions des Grecs & des Romains ne frappent que notre eſprit & n'excitent que notre admiration ; celles de notre Nation imprimeroient dans notre ame un ſentiment plus vif, l'émulation.

On ne ſauroit inſpirer aux jeunes gens trop d'eſtime pour leur Nation, s'il eſt vrai que plus on chérit & l'on eſtime ſa famille, plus on eſt éloigné de toute lâcheté.

PHILOSOPHIE, GROS ŒIL.

Quel amas prodigieux de choses incompatibles ! D'une même source, dit l'Ecriture Sainte, coulent des eaux douces & amères ; une même bouche fait le calme & la tempête, la paix & la guerre. Au milieu de la plus grande tranquillité, dans l'union la plus étroite des esprits, si une langue artificieuse vient à semer la discorde, les disputes s'élèvent tout d'un coup comme un orage, les cœurs se blessent, la haine s'allume, & l'amitié se détruit.

Il vaudroit mieux être né muet & ne raisonner jamais, que d'employer sa raison & sa langue à détruire la vérité.

CICÉRO POÉTIQUE.

UN Général d'armée recevant de toutes parts des plaintes contre un Munitionnaire, le fit venir, & pour premier compliment le menaça de le faire pendre. Monſeigneur, répondit froidement le Munitionnaire, on ne pend pas quelqu'un qui peut diſpoſer de cent mille écus; & là-deſſus ils paſſèrent dans le cabinet. Un inſtant après, Monſieur le Général en ſortit perſuadé que c'étoit un fort honnête-homme.

Ceci nous apprend qu'on ne doit pas juger trop précipitamment de la conduite du prochain, ni le condamner ſans l'entendre. Il eſt bien aiſé de dire que certaines gens ſont des fripons, mais il faut le prouver.

Cicéro poétique.

Vous avez une pièce d'argent, ou même une pièce d'or, ce n'est pas assez ; c'est le nombre qui opère : faites-en, si vous pouvez, un amas considérable & qui s'élève en pyramide, & je me charge du reste. Vous n'avez ni connoissances, ni esprit, ni talens, ni expérience ; n'importe : ne diminuez rien de votre monceau, & je vous placerai si haut, que vous vous couvrirez devant votre maître, si vous en avez : il sera même fort éminent, si avec votre métal qui de jour à autre se multiplie, je ne fais en sorte qu'il se découvre devant vous.

La pluspart des gens ne jugent des hommes que par la vogue qu'ils ont, ou par leur fortune.

CICÉRO, PETIT ŒIL.

LE Directeur à la mode, semblable au Médecin, flatte, console, encourage, entretient la délicatesse & la sensibilité sur soi-même ; il n'ordonne que de petits remèdes benins, & qui se tournent en habitude. On ne fait que tournoyer dans un petit cercle de vertus communes, au-delà desquelles on ne passe jamais généreusement.

Certains Dévots n'aiment jamais tant Dieu que lorsqu'ils ont obtenu leurs satisfactions temporelles ; ils ne prient jamais mieux que quand l'esprit & la chair sont contens & qu'ils prient ensemble.

CICÉRO SERRÉ.

LES inférieurs, avec un respect bien attentif & bien sérieux, sont quittes de ce qu'ils doivent aux Grands, lorsque ces Grands n'ont pas d'autre mérite que les Grades ou les Dignités qui les distinguent des autres hommes. Combien la supériorité de ceux-là est peu digne d'envie, quand elle ne leur rapporte que le seul tribut que l'usage demande!

Respecter scrupuleusement les Grands, sans avoir d'autres sentimens pour eux, c'est mettre à part leur personne, & ne rendre hommage & honneur qu'à leur destinée : c'est n'entretenir une Divinité que de la beauté du piédestal qui l'élève.

CICÉRO ORDINAIRE.

L'AIR que nous reſpirons, nos alimens, les ſaiſons, le climat, le tempérament, l'âge, l'extraction même, & ces diſpoſitions intérieures au bien & au mal que le ſang des pères communique à leurs enfans, ſont autant d'ennemis qui attaquent notre raiſon & nos ſens, & qui corrompent notre jugement.

L'habitude non ſeulement adoucit les diſgraces de notre condition préſente, mais encore elle ſemble changer la qualité des choſes auxquelles nous nous accoûtumons.

On doit autant à l'habitude qu'à la raiſon.

CICÉRO, ŒIL MOYEN.

VEUT-ON inſpirer aux enfans, nés dans un rang ſupérieur ou dans un état diſtingué, les qualités qu'ils doivent apporter dans la ſociété? On doit s'attacher ſans ceſſe à ne leur faire enviſager la grandeur, que par ce qu'elle a de facile, de doux & de careſſant; que par les bienfaits qu'elle peut procurer ou répandre; ne leur peindre la fortune que ſous les traits de libéralité; n'appeler enfin devant eux tous les avantages qu'ils poſſèdent, que du nom des vertus qui en peuvent naître, ou du bien qui en réſulte.

Cicéro, gros œil.

L'AMOUR eſt une paſſion de l'appétit concupiſcible qui ſe porte au bien ſenſible, conçu tel par l'imagination, & l'amitié eſt une vertu qui porte notre volonté au bien honnête, conçu tel par l'entendement. Le premier eſt ſouvent contraire à l'autre, car les paſſions violentes troublent la raiſon, & l'excès d'amour dégénère en jalouſie; au lieu que l'amitié ne peut avoir d'excès, & qu'elle mérite d'autant mieux le nom d'amitié, qu'elle eſt étendue, & même extrême.

Cicéro ordinaire.

Bon nombre de fils de famille marqués de quelques défauts essentiels, sont ornés d'un petit collet : il est bien peu d'enfans de Gentilshommes, & même de Bourgeois, lorsqu'ils sont disgraciés de la Nature, qui ne soient consacrés au service des Autels. Quelle vocation !

Les défauts corporels ne sont cependant pas des marques de ceux de l'ame ; la plus belle & la plus grande est souvent logée dans le corps le plus contrefait & le plus difforme. L'illustre Prince de Condé & le fameux Maréchal de Luxembourg, chacun d'une figure desagréable, furent néanmoins des Héros.

CICÉRO, GROS ŒIL,

dans le goût Hollandois.

LA pluspart des hommes de Lettres ne ſe piquent que de doctrine & d'érudition ; ils entaſſent livres ſur livres, ſcience ſur ſcience qui ne produiſent que de l'obſcurité, de la ſécheresſe & du travers dans l'eſprit : c'eſt pourquoi il ſe trouve plus de gens de ſavoir que de bon ſens.

Le bon ſens va droit au vrai ; l'éloquence n'en eſt que l'interprète, & tout ſon but eſt de lui donner de la force & de la clarté : ſi quelquefois elle s'échappe à y jeter de certains agrémens, c'eſt pour le rendre plus aimable.

CICÉRO, GROS ŒIL.

LA dernière choſe où l'on s'applique, c'eſt à épurer ſon diſcernement : on exerce ſa raiſon à toutes ſortes d'études qui ne ſervent qu'à l'embarraſſer, au lieu qu'il ne faut étudier que pour inſtruire & perfectionner ſa raiſon.

On peut dire que les femmes qui ne s'occupent point de ſciences & de littérature, conſervent plus que les hommes la tranquillité de l'ame : la frivolité de leurs occupations leur tient ordinairement l'eſprit libre & le rend plus aimable.

S^t^. AUGUSTIN POÉTIQUE.

GUÉNEVIL conſerve avec les Grands le caractère qu'ils ont avec leurs inférieurs ; il ſonge à les faire ſervir à ſes intérêts, au lieu d'être la victime des leurs : les Grands qui manquent à leur naiſſance ou à leurs devoirs, ne ſont à ſes yeux que des hommes rampans dans le beſoin, faux dans leurs careſſes, ingrats après le ſuccès, perfides à tous engagemens.

Sans doute, il eſt honteux pour l'humanité, qu'on doive tenir compte à un Grand Seigneur, de ce que ſon rang ne lui fait point oublier qu'il eſt homme.

S^t. AUGUSTIN POÉTIQUE.

PAUSANIAS offrit aux Dieux un trépied d'or, qu'il avoit enlevé aux ennemis; mais afin que la postérité ne s'y méprît pas, il fit graver que c'est par sa valeur qu'il avoit vaincu les Barbares. Il prétendoit faire un présent plûtôt que des remercimens. C'est ainsi que les Payens rapportoient tout à eux, en suivant même les principes de leur religion & de leur morale. La vanité, plûtôt que la gloire de leurs dieux, étoit le mobile de leurs actions.

S^t. AUGUSTIN ORDINAIRE.

A un homme vain, altier, qui eſt un mauvais plaiſant & un grand parleur, qui parle de ſoi avec confiance & des autres avec mépris, impétueux, entreprenant, ſans mœurs ni probité, de nul jugement & d'une imagination très-libre, il ne lui manque plus, pour être adoré de beaucoup de femmes, que de beaux traits & la taille élégante.

LES Amours meurent par le dégoût, & l'oubli les enterre.

S[t]. AUGUSTIN ORDINAIRE.

ON regarde une femme ſavante comme on fait une belle arme ; elle eſt cizelée artiſtement, d'une poliſſure admirable & d'un travail recherché ; c'eſt une pièce de cabinet que l'on montre aux curieux, qui n'eſt pas d'uſage, qui ne ſert pas plus à la guerre & à la chaſſe qu'à l'agriculture & au commerce.

Une femme prude paye de maintien & de paroles ; une femme ſage paye de conduite & de raiſon : l'une ſuit ſon humeur, l'autre ſon devoir.

N°. XLVIII. 46

S^t. AUGUSTIN, ŒIL MOYEN.

A quoi aboutiſſent tous les ſoins & toutes les veilles des Savans ? Le valet d'un Sous-Fermier aura, dans deux ans, plus de revenu qu'ils n'auront de fonds à la fin de leur vie : heureux encore s'ils peuvent amaſſer quelque choſe, & s'ils ne ſont point réduits à mourir à l'hopital.

S^t. AUGUSTIN, ŒIL MOYEN.

Dans les grands hommes, ſurtout dans ceux qui en méritent particulièrement le titre par des talens, on voit briller tout ce qu'ils ſont, mais on ſent auſſi, & très-ſouvent ſans beaucoup de recherche, ce qu'ils ne pourroient pas être. Les dons les plus éclatans de la nature ne ſont guère plus marqués en eux, que ce qu'elle leur a refuſé. Telle étendue de génie qu'ait un homme, on en voit le bout.

SAINT-AUGUSTIN dans le goût Hollandois.

LES hommes corrompent tout, parce qu'ils ſont eux-mêmes corrompus. Il n'eſt point de crime à qui ils n'aient donné le nom de vertu, ni de vertu qu'ils n'aient accuſée de foibleſſe ou de folie ; de ſorte qu'ils ſont capables de louer les plus grands vices, & de condamner les plus grandes vertus.

Communément c'eſt le préjugé & l'ambition qui déterminent le jugement, rarement la raiſon.

S^t. AUGUSTIN, GROS ŒIL.

CROMWEL alloit ravager toute la Chrétienté: la famille Royale étoit perdue, & la ſienne à jamais puiſſante, ſans un petit grain de ſable qui ſe mit dans ſon uretère: Rome même alloit tomber ſous lui. Mais ce petit gravier, qui n'étoit rien ailleurs, mis en cet endroit, le voilà mort, ſa famille fut abaiſſée, & celle de Charles rétablie.

GROS-TEXTE POÉTIQUE.

L'Exactitude & la justesse du raisonnement sont absolument nécessaires dans la profession d'Avocat.

Un ancien Poëte a nommé les Avocats qui raisonnent mal, le poison des Loix, parce qu'ils en infectent la source ; & ces corrupteurs sont d'autant plus à craindre qu'ils ont plus de Génie, & que l'expérience semble leur avoir donné plus d'autorité.

Gros-texte poétique.

Un Avocat, après avoir consacré sa voix au Public, ne peut être l'organe de la passion des Particuliers. Il doit plus à la raison, qui est le bien commun de tous les hommes, qu'à la défense de ses parties. L'intérêt de la Justice est préférable à celui des plaideurs, & il seroit honteux de leur vouloir faire gagner leur cause, si la Vérité perdoit la sienne.

GROS-TEXTE.

LE fameux Pélisson s'amusoit à la Bastille à apprivoiser une araignée. On ne peut entierement définir ce que le travail opère sur les esprits, le vuide immense qu'il remplit : c'est une méchanique dont les effets sont aussi certains & aussi sensibles, que la manière en est ignorée.

Gros-texte serré.

Ce que l'on appelle proprement le Génie, eſt toûjours accompagné d'une ſorte d'audace, & cette audace, regardée par le vulgaire comme un mouvement de la vanité, eſt un certain eſſor de l'ame, qui caractériſe les hommes d'un mérite ſupérieur. C'eſt un ſecret preſſentiment qui les avertit de ce qu'ils doivent faire ou entreprendre.

GROS-TEXTE.

LE Dictateur tiré de la charue pour commander les armées, y retournoit ſans peine, lorſque la fin de la guerre ou les revers l'y ramenoient.

Étoit-ce chez les Romains l'effet d'une ſupériorité de génie, que nous ſommes forcés de reconnoître en tant d'occaſions ?

GROS-ROMAIN, PETIT ŒIL.

ON s'imagine fauſſement qu'il n'y a que ceux qui occupent de grandes places, qui puiſſent prétendre à être utiles : chacun peut l'être à ſa manière. Les ſervices éclatans ne ſont pas fréquens : ils ne dépendent pas même du deſir qu'on auroit de les rendre.

GROS-ROMAIN, PETIT ŒIL.

ON devroit établir un deuil à la mort des bons citoyens. Les noms de ceux qui meurent après avoir été utiles à leur patrie, mériteroient d'être écrits & conſervés dans des Temples. Ces regiſtres deviendroient une ſource de gloire qu'on ne pourroit pas contredire.

GROS-ROMAIN SERRÉ.

ON admire quelquefois combien ceux qui ont reçu les Talens ou le Génie d'une chose, sont bornés sur d'autres matières : mais si l'on y faisoit attention, on trouveroit toûjours que ces dons se rachètent par ailleurs, & que le Talent & le Génie coûtent souvent beaucoup plus qu'ils ne valent à ceux qui en sont doués.

GROS-ROMAIN.

CE ſont les hommes, dit Plutarque, de qui nous apprenons à diſcourir, mais ce ſont les Dieux qui nous enſeignent à garder le ſilence; non pas un ſilence froid, ſtupide & inanimé, qui n'eſt que la ſuite ordinaire de l'ignorance, mais un ſilence judicieux, qui tait ce qu'il faut taire.

GROS-ROMAIN.

UN ſage Athénien répondit à un homme qui promettoit d'enſeigner la méthode d'une mémoire artificielle : Apprends plûtôt à oublier ce qu'il ne faut pas dire.

Le grand art de ceux qui parlent en public n'eſt pas toûjours de chercher ce qui peut & doit ſervir, mais d'éviter ce qui peut nuire.

PET. PARANGON, PET. ŒIL.

LES humeurs du corps ont un cours ordinaire qui meut & tourne imperceptiblement notre volonté. Elles roulent enſemble, & exercent ſucceſſivement un empire ſecret ſur nous ; de ſorte qu'elles ont une part conſidérable à nos actions.

PETIT-PARANGON, PET. ŒIL.

QUAND les grands Hommes ſe laiſſent abbattre par la longueur de leurs infortunes, ils ſont voir qu'ils ne les ſoûtenoient que par la force de leur ambition, & non par celle de leur ame, & qu'à la vanité près, les Héros ſont faits comme les autres hommes.

PETIT-PARANGON.

LES Tyrans ſont les premiers eſclaves de la tyrannie, & ne ſont pas les moins malheureux

Julien l'Apoſtat dit judicieuſement qu'il n'y a que les tyrans qui donnent leurs ſuccès pour des raiſons, & leurs caprices pour loix.

PETIT-PARANGON.

Le grand ufage du monde & la connoiffance de ce qui s'y paffe, tiennent lieu fouvent de talens, d'esprit, de mérite, & même de vertus; mais lorsqu'il faut compter avec foi-même, c'eft toute autre chofe.

PET. PARANGON, GROS ŒIL.

Tous les ſentimens ont chacun un ton de voix, des geſtes & des mines qui leur ſont propres. Ce rapport, bon ou mauvais, agréable ou deſagréable, eſt ce qui fait que les perſonnes plaiſent ou déplaiſent.

PET. PARANGON, GROS ŒIL.

PRESQUE tout le monde prend plaisir à s'acquitter des petites obligations; beaucoup de gens ont de la reconnoissance pour les médiocres; mais il n'y a quasi personne qui n'ait de l'ingratitude pour les grandes.

GROS-PARANGON.

L'HOMME croit ſouvent ſe conduire, lorſqu'ïl eſt conduit ; & pendant que par ſon eſprit il tend à un point, ſon cœur l'entraîne inſenſiblement à un autre.

GROS-PARANGON.

IL y a dans le cœur & dans l'eſprit humain une généra-tion perpétuelle de paſſions, en ſorte que la ruine de l'une eſt preſque toûjours l'établiſſement d'une autre.

PALESTINE.

A mesure que l'expérience a moins de force & que l'on est plus ignorant, on voit plus de prodiges merveilleux & de belles choses.

PALESTINE.

A meſure qu'on a plus d'eſprit, on trouve bien plus d'hommes originaux. Les gens du commun ne voyent point de difference entre les hommes.

PETIT-CANON.

LES grandes ames ont de grandes vertus. Le courage eſt ſouvent inſpiré par la ſeule ambition.

PETIT-CANON.

LES Sciences & les Arts cultivés dans un État décè-lent le Génie de la nation, & l'esprit du gouvernement

No. LXXIV. 72

TRISMÉGISTE.

Le Soleil, ainſi que la mort, ne ſe peut point regarder fixement.

TRISMÉGISTE.

Chacun a ſa façon de s'exprimer qui vient de ſa façon de ſentir.

No. LXXVI. 74

GROS-CANON.

QUI vit content de peu, possède tout.

No. LXXVII. 75

GROS-CANON, GROS ŒIL.

L'eſprit eſt toû-jours la dupe du cœur.

N°. LXXVIII. 76

GROS-CANON.

L'homme eſt toû-jours la dupe des plaiſirs.

DOUBLE-CANON.

Rien de durable dans ce monde.

DOUBLE-CANON.

Peu de chofes nous amufe.

No. LXXXI.

TRIPLE-CANON.

Dieu peut tout.

N°. LXXXII. 80

GROSSE NOMPAREILLE.

Dis

peu.

II. ARTICLE.

Lettres de deux points ordinaires & ornées, Vignettes, Réglets, Crochets, & diverses figures.

LETTRES DE DEUX POINTS.

de Parisienne.

ABCDEFGHIKLMNOP

QRSTVUXYZÆŒWÇ

de Nompareille.

ABCDEFGHIJLM

NOPQRSTUVXY

de Mignone.

ABCDEFGHIKLM

ILMNOPQRS

de Petit-texte.

ABCDEFGHIK

ILMNOPQRS

---

de Gaillarde.

ABCDEFGHIJ

KLMNOPQRS

---

de Petit-romain.

ABCDEFGH

IKLMNOPR

de Philoſophie.

ABCDEF

GHIJMSX

de Cicéro.

ABCDQ

EFGHJ

de Saint-auguſtin.

MNOP

RSTU

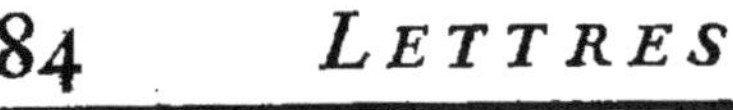

de Gros-romain.

ABCD

EFGH

de Petit-parangon.

BCM

DEF

de Gros-parangon.

GHL

NSI

de Petit-canon.

OPS

UIS

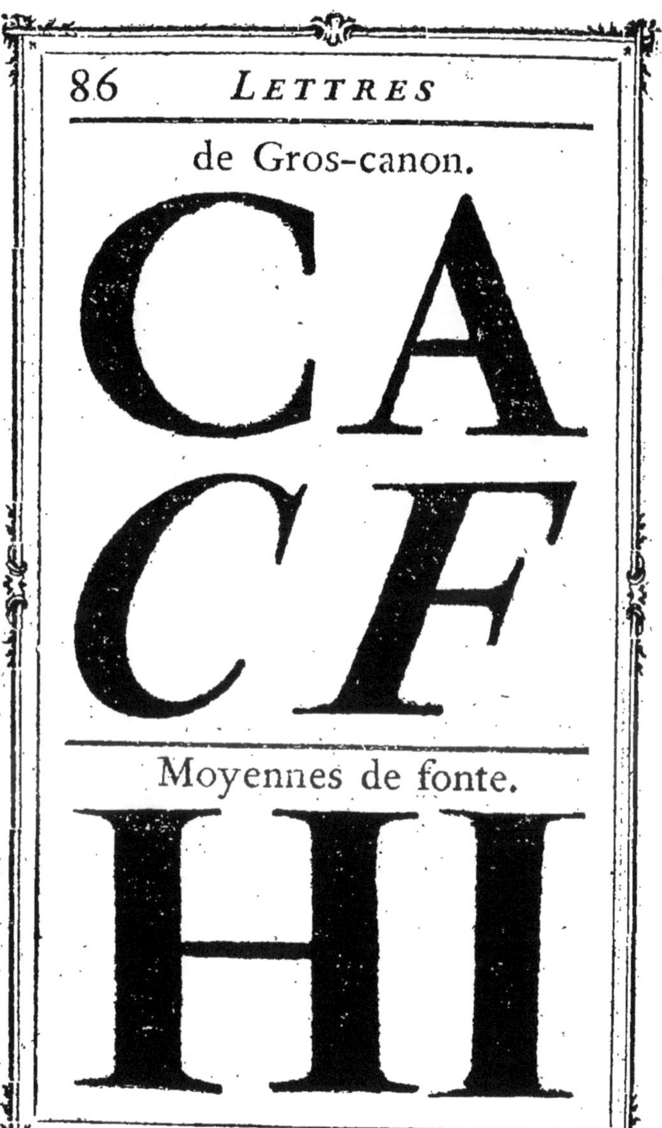

de Gros-canon.

CA

CF

Moyennes de fonte.

HI

Moyennes de fonte.
SJ
Groſſes de fonte.
M

MODÈLES

de quelques Lettres de deux points ORNÉES.

de Nompareille.

ABCDEFGHIJKLM

de Petit-texte.

ABCDEGH

NOPRSTU

de Petit-romain.

ABCDEFGI

BLMNOPQ

de Philoſophie.

ABCDEFG

HIJLMNO

de Cicéro.

ABCDE

de Saint-auguſtin.

FGHK

JMLN

de Gros-romain.

ABCD

---

de Petit-parangon.

KŒH

MRŒ

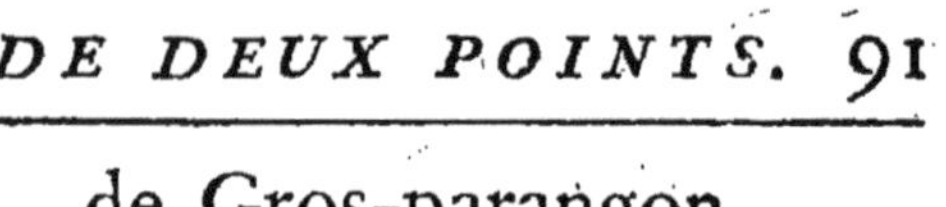

de Gros-parangon.

MFN

LPR

de Petit-canon.

NUI

YJR

de Gros-canon.

Moyennes de fonte.

Moyennes de fonte.

IG

Grosses de fonte.

FJ

VIGNETTES
sur les différens Corps.

Parisienne.

1
2
3
4
5
6
7
8
9
10
11
12
13
14
15
16

Nompareille.

17

18

19

20

21

22

23

24

25

26

27

28

29

30

31

32

33

34

35

36
37
38
39
40
41
42
43
44
45
46
47
48
49
50
51

Petit-texte.

52
53
54

55

56

57

58

59

60

61

62

63

64

65

66

67

68

69

70

71

72

73

74

75

76

77

78

79

80

81

82

83

84

85

86

87

88

89

90

91

92

93

Petit-romain,

94

95

96

97

98

99

100

101

102

103

104

105

106

107

108

109

110

111

112

113

114

115

116

117

118

119

120

121

122

123

124

125

126

127

128

129

130

131

132

133

134

135

136

137

138

139

140

141

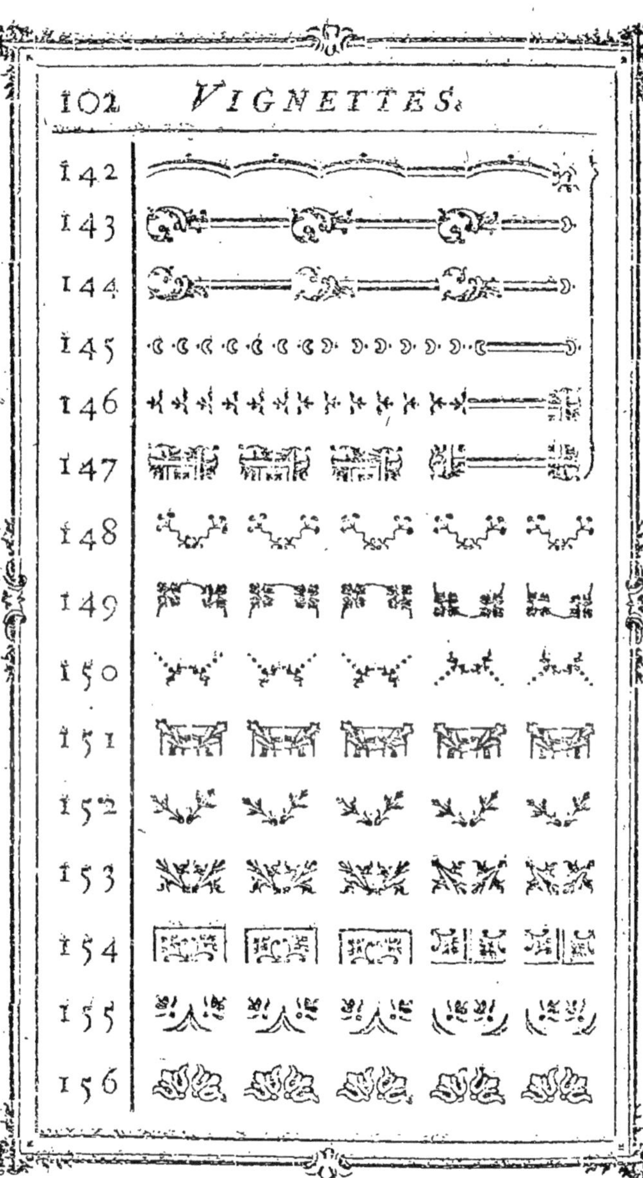
102 VIGNETTES.
142
143
144
145
146
147
148
149
150
151
152
153
154
155
156

Cicéro.

157

158

159

160

161

162

163

164

165

166

167

168

169

170

171

172

173

174

175

176

177

178

179

180

181

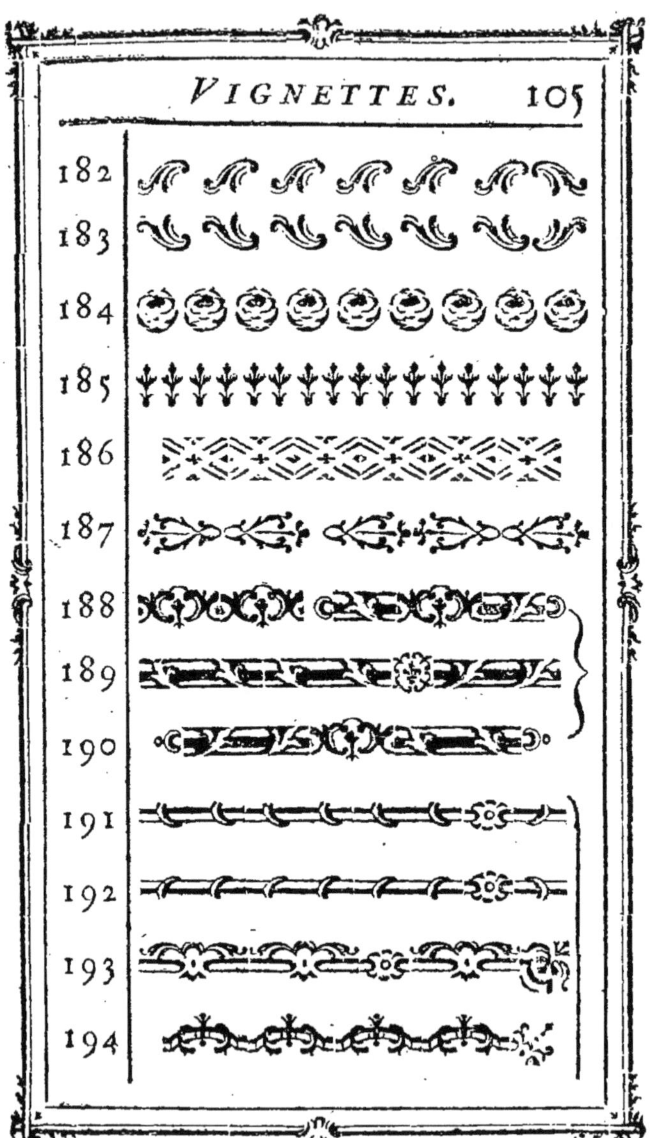
182
183
184
185
186
187
188
189
190
191
192
193
194

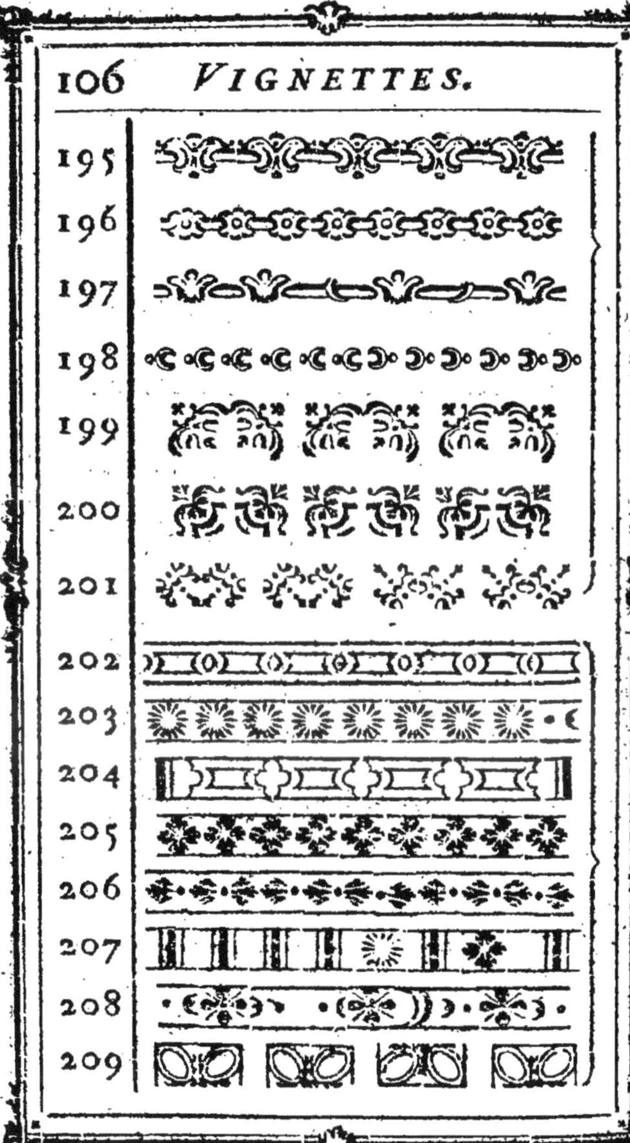
106 VIGNETTES.
195
196
197
198
199
200
201
202
203
204
205
206
207
208
209

210

211

212

213

214

215

216

217

218

219

220

221

222

223

224

225

226

227

228

229

Saint-augustin.

230

231

232

233

234

235

236

237

238

239

240

241

242

243

244

245

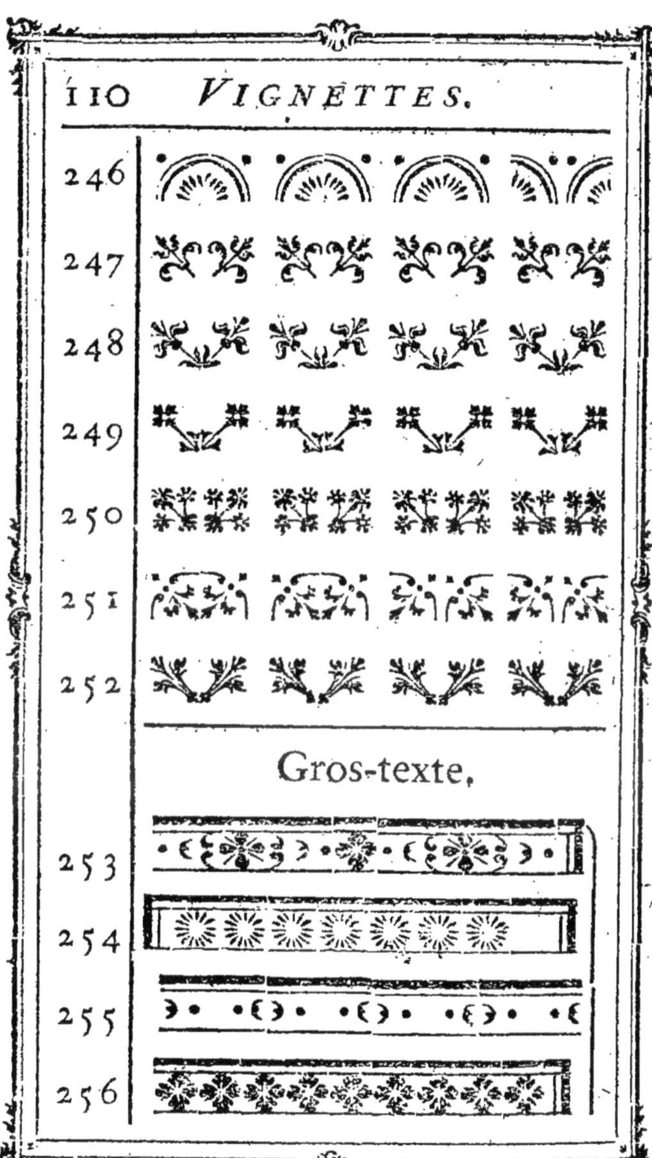
246
247
248
249
250
251
252
Gros-texte.
253
254
255
256

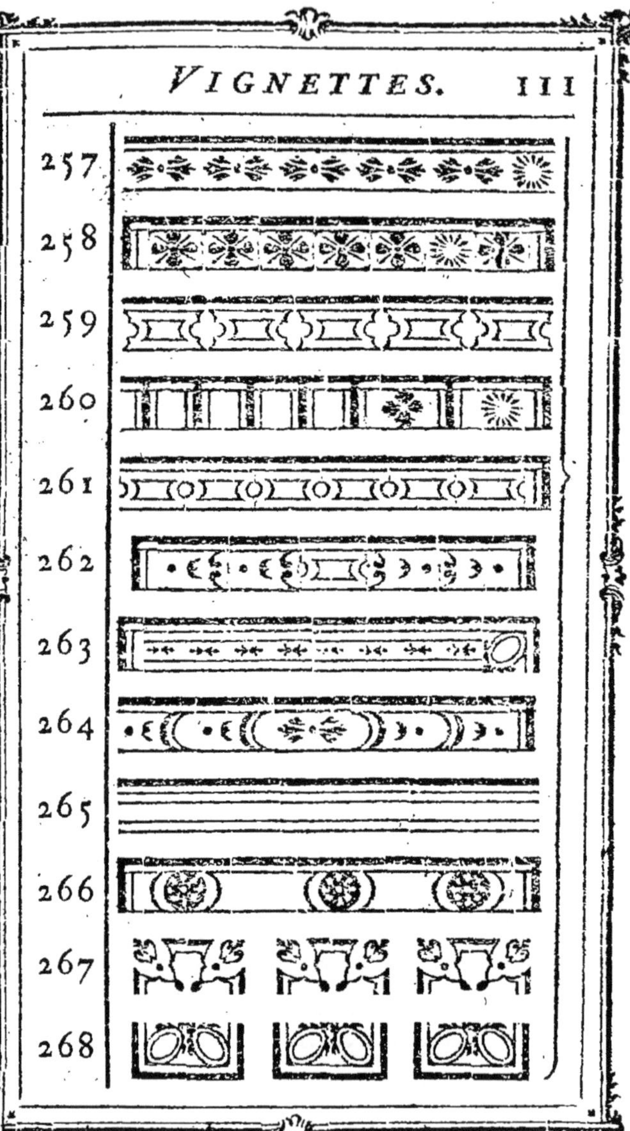
257
258
259
260
261
262
263
264
265
266
267
268

269

270

271

272

273

274

275

276

277

278

279

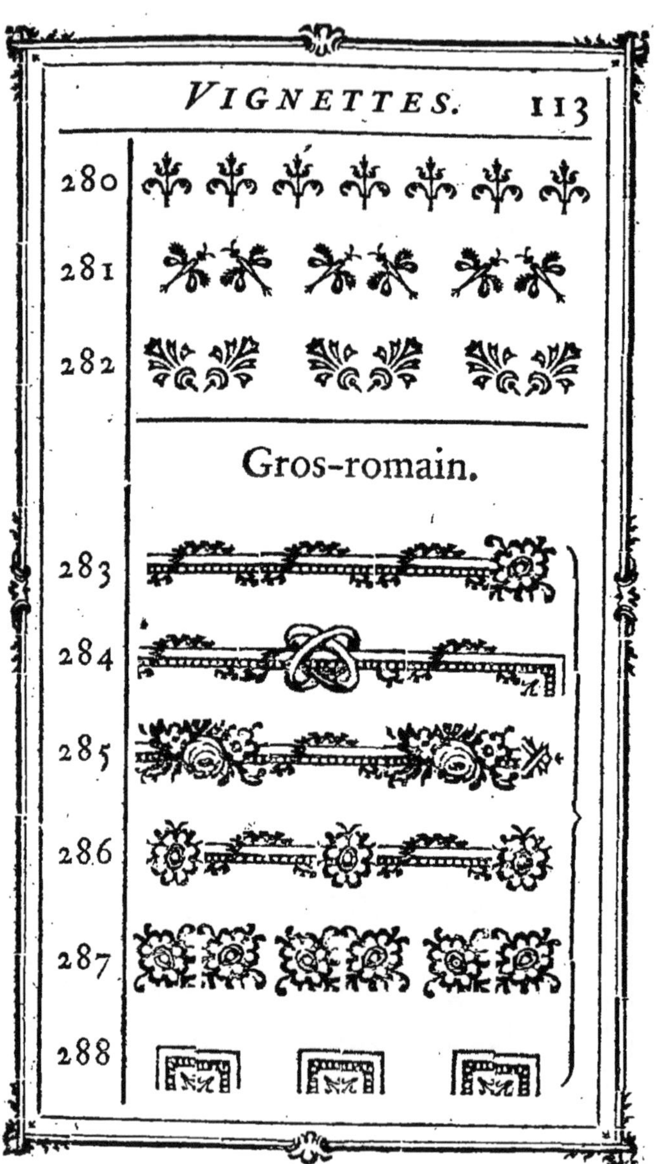
280
281
282
Gros-romain.
283
284
285
286
287
288

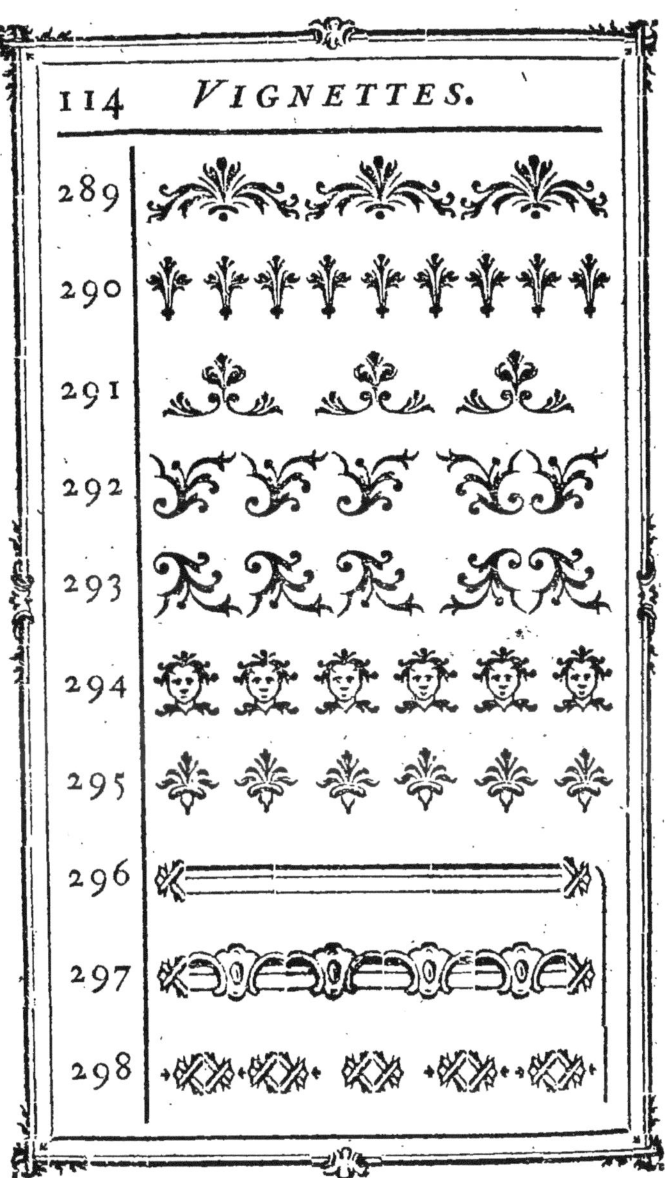
289
290
291
292
293
294
295
296
297
298

299
300
301
302
303
304
305
306
307
308

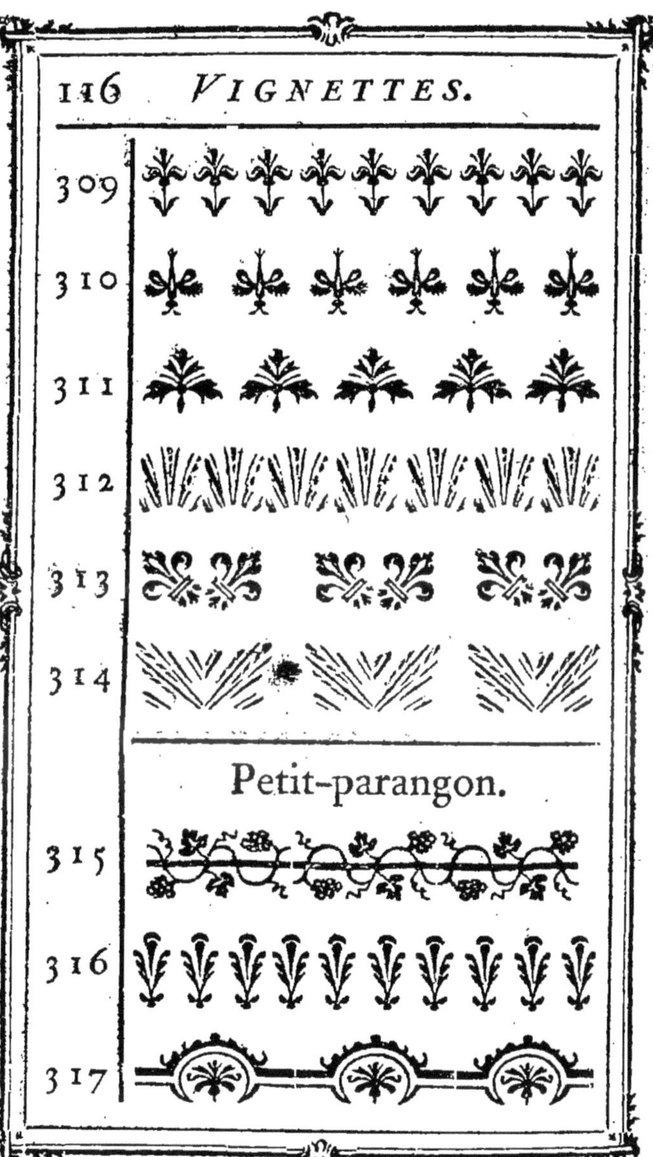
116 VIGNETTES.
309
310
311
312
313
314
Petit-parangon.
315
316
317

318

319

320

321

322

323

324

325

326

327
328
329
Gros-parangon.
330
331
332
333
334

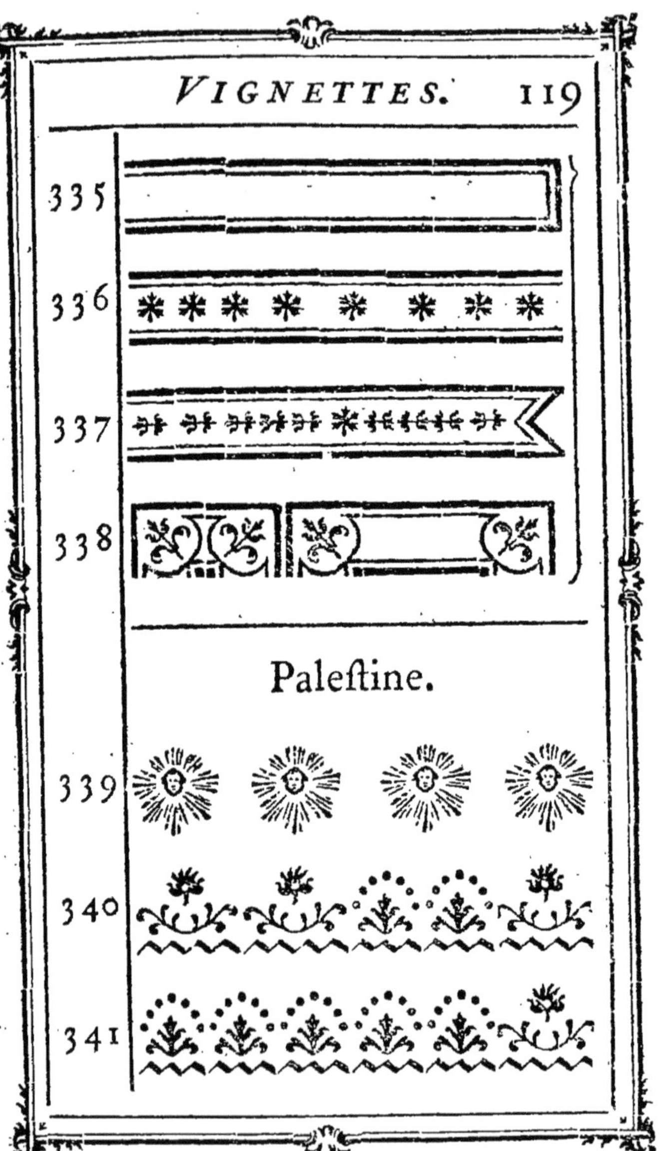
335
336
337
338
Palestine.
339
340
341

342

343

344

345

346

347

348

Petit-canon.

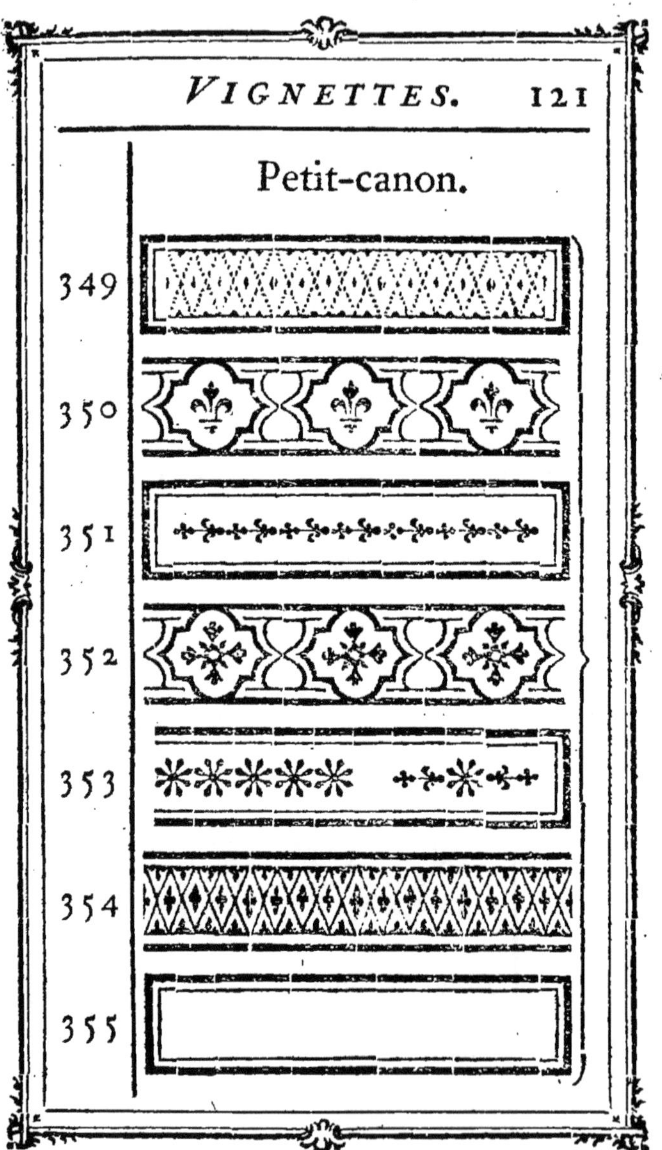

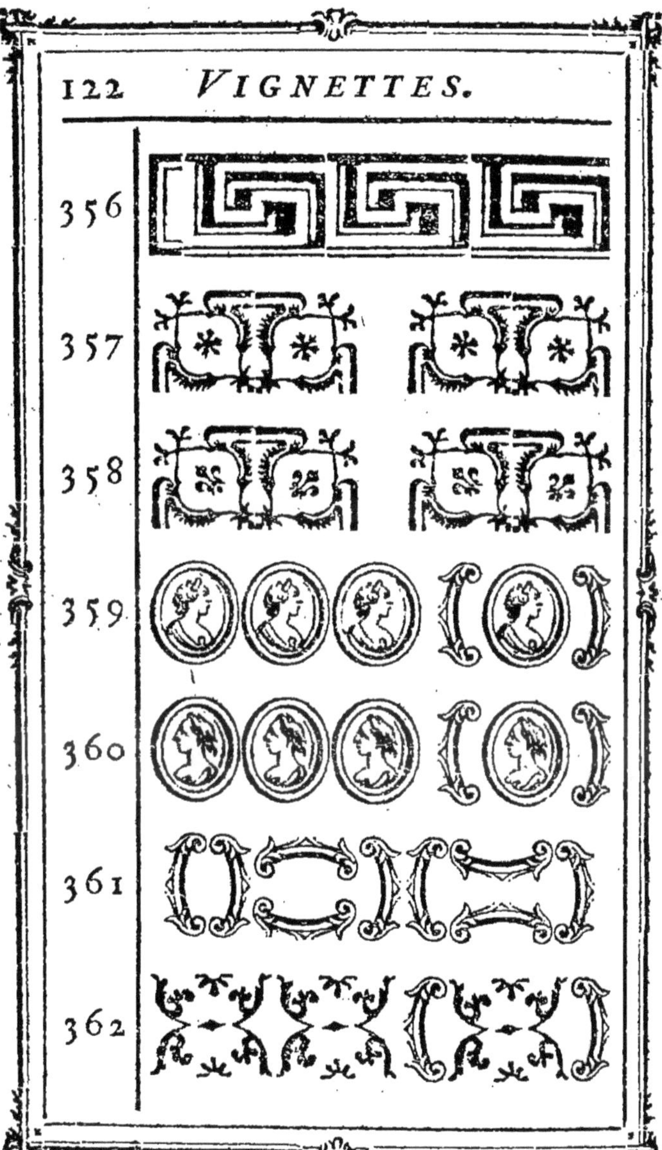
356
357
358
359
360
361
362

363

364

365

366

367

Trismégiste.

368

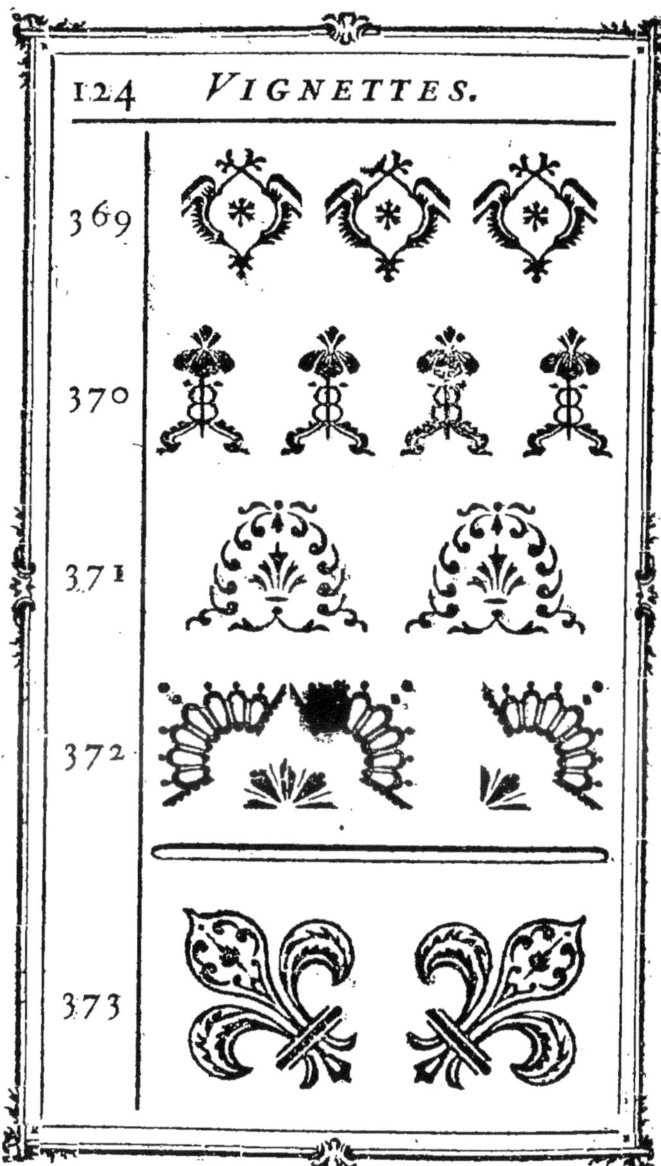
369
370
371
372
373

374
375
376
377

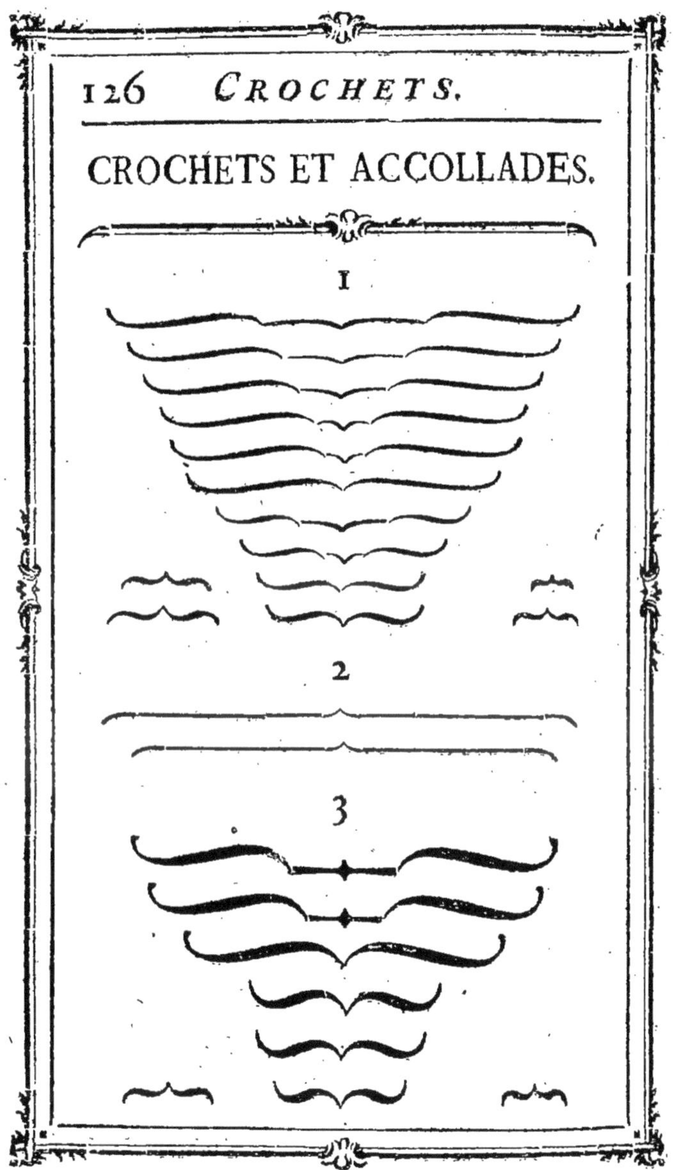
CROCHETS ET ACCOLLADES.
1
2
3

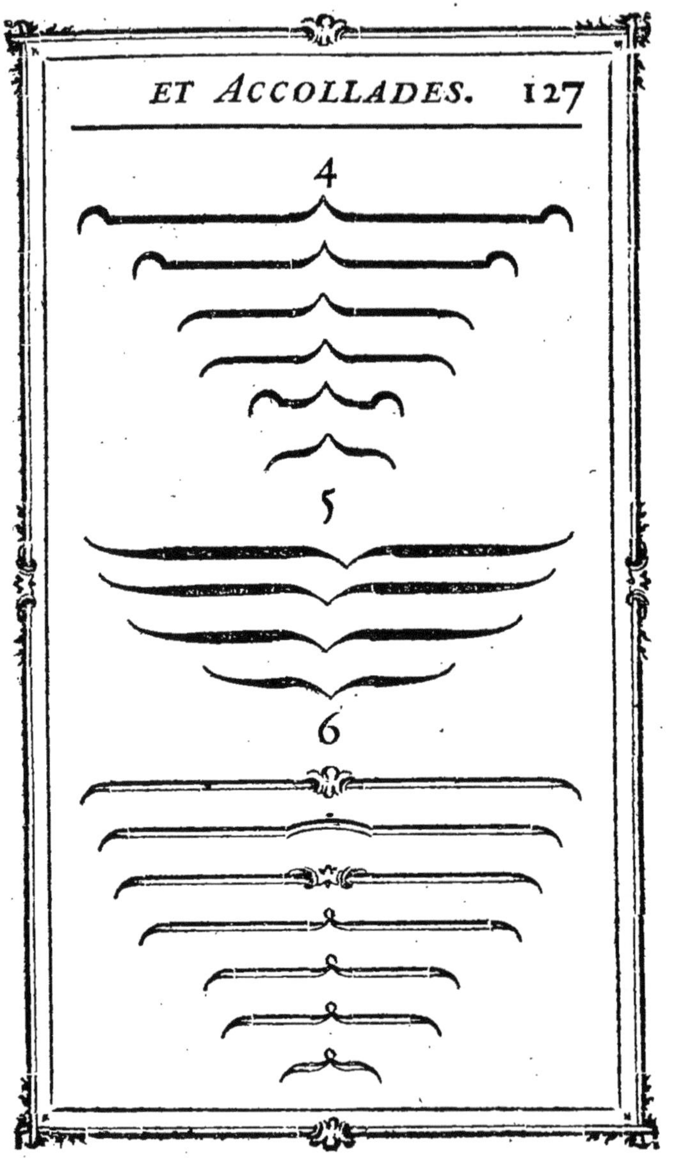
4
5
6

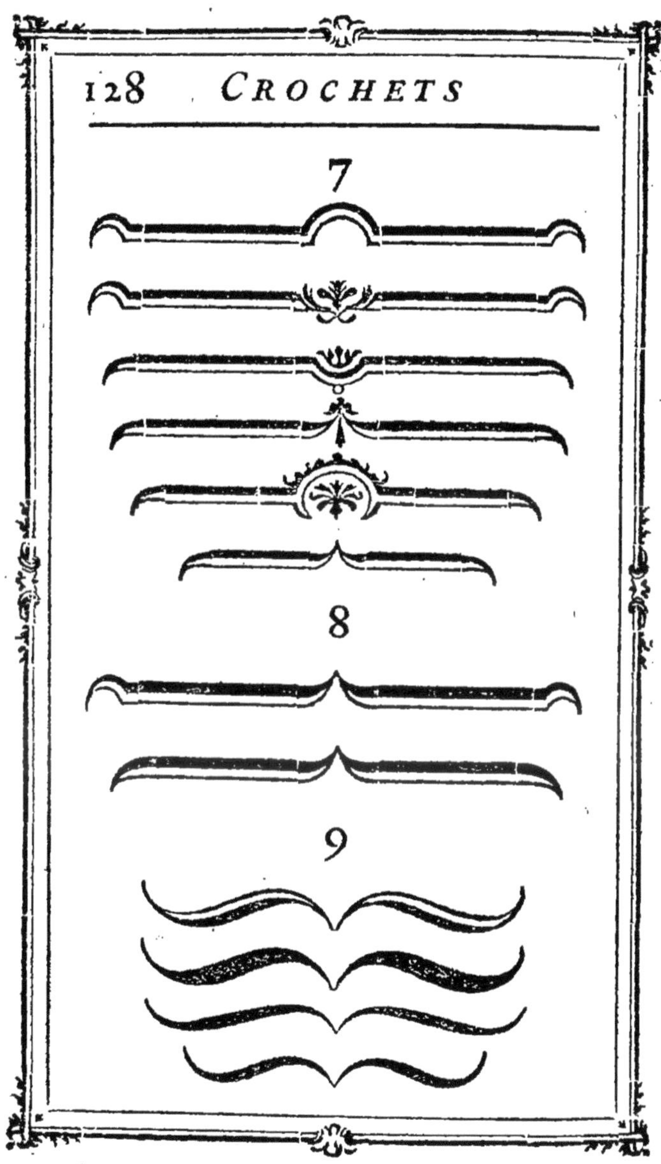
7
8
9

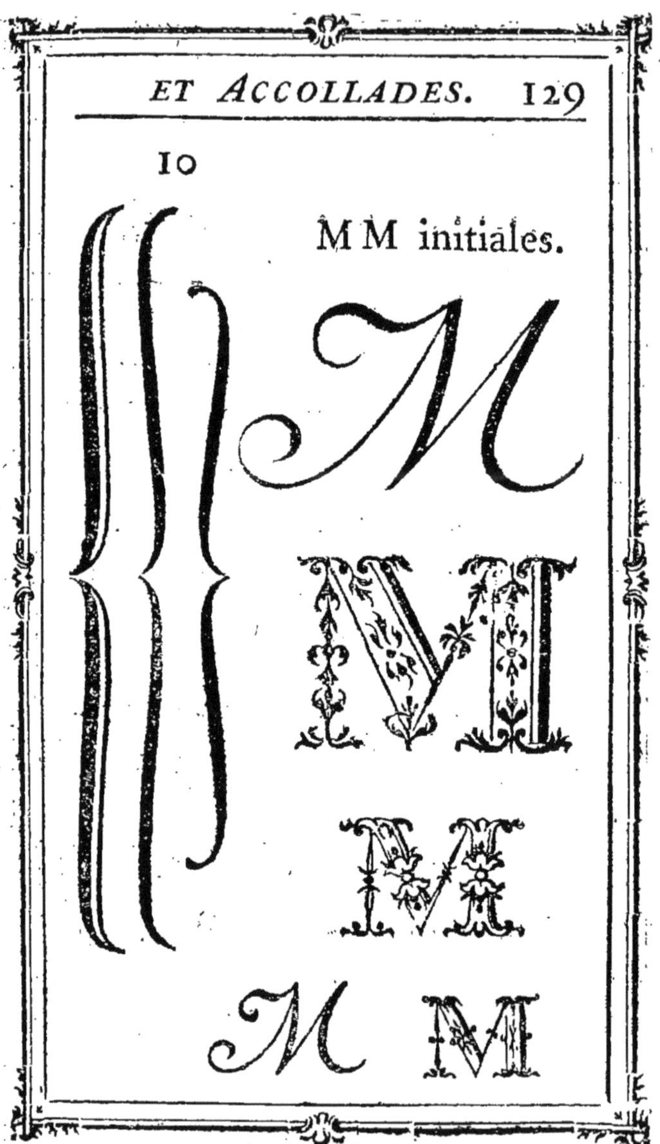
10
MM initiales.

RÉGLETS
Simples, doubles & triples.

1

2

3

4

5

6

7

8

9

10

Diverses figures.

MARQUES ALGÉBRIQUES.

$+$	*Plus.*	$::$	*Proportion.*
$-$	*Moins.*	$\div$	*Proportion.*
$=$	*Égal.*	$\surd$	*Radical.*
$\times$ $\times$	*Par.*	$\sqrt{\;\;}$	*Racine.*
$>$	*Plus que*		

FIGURES GÉOMÈTRIQUES.

$\parallel$	*Parallèle.*	∟	*Angle droit.*
$\perp$ over $=$	*Égalité.*	$\vee$ over $=$	*Angles égaux.*
$\perp$	*Perpendiculaire*	□	*Carré.*
$<$	*Angle.*	○	*Cercle.*
$\triangle$	*Triangle.*	$^{\circ}$	*Degré.*
▭	*Rectangle.*	$'$	*Minute.*

PHASES DE LA LUNE.

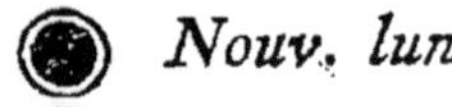

	Pleine lune.		*Nouv. lune.*
	Der. quartier		*Pre. quartier.*

LES PLANÈTES.

♄	*Saturne.*	☿	*Mercur.*
♃	*Jupiter.*	☉	*le Soleil.*
♂	*Mars.*	☾	*la Lune.*
♀	*Venus.*	♁	*la Terre.*

LES ASPECTS.

☌	*Conjonction.*	☍	*Oppoſition.*
⚹	*Sextile.*	☄	*Comète.*
□	*Quadrat.*	☋	*Nœuds.*
△	*Trine.*	☊	

SIGNES DU ZODIAQUE.

♈	*le Bélier.*	♎	*la Balance.*
♉	*le Taureau.*	♏	*le Scorpion.*
♊	*les Gemeaux.*	♐	*le Sagittaire.*
♋	*le Cancer.*	♑	*le Capricorne.*
♌	*le Lion.*	♒	*le Verſeau.*
♍	*la Vierge.*	♓	*les Poiſſons.*

Pour les Missels.

a⃰ e⃰ i⃰ o̊⃰ u⃰ y⃰ æ⃰ œ⃰ ă ĕ ĭ ŏ ŭ y̆ ę̣

æ̆ œ̆ ǎ ě ǐ ǒ ǔ y̌ æ̌ œ̌ ŷ æ̂ œ̂

Pour la Prosodie.

ă ĕ ĭ ŏ ŭ	*Brèves.*
ā ē ī ō ū	*Longues.*
ā̆ ē̆ ī̆ ō̆ ū̆	*Douteuſes.*

Signes d'indication.

Finales numéraires.

₶ £ *livres.* ſ *ſols.* ₰ *deniers.*

SIGNES DE MÉDECINE.

℞	*Prenez.*	℈	*Scrupule.*
℔	*Livre.*	ß	*Moitié.*
℥	*Once.*	g̃	*Grain.*
ʒ	*Dragme.*	ãa	*de chaque.*

SIGNES D'ALMANACHS.

FRACTIONS.

$\frac{1}{4}$ $\frac{1}{3}$ $\frac{1}{2}$ $\frac{1}{5}$ $\frac{1}{6}$ $\frac{1}{7}$ $\frac{1}{8}$ $\frac{1}{18}$ $\frac{2}{20}$ $\frac{2}{100}$

CHIFRES ARABES.

1 2 3 4 5 6 7 8 9 0

III ARTICLE.

Caractères particuliers.

BATARDE.

Les défauts
de l'esprit
augmentent
comme ceux
du visage.

BATARDE COULÉE.

Notre intérêt nous occupe du soin d'en imposer aux Ministres, & nous les blâmons lorsque par hazard ils se trompent dans le choix des sujets. N'est-ce pas leur reprocher notre fausseté?

BATARDES ENSEMBLE.

Au Roi,

Sire,

L'Equité et la bienfaisance de votre Majesté assurent le succès des représentations que les Officiers Municipaux de

ITALIENNE.

Monsieur,

Vous êtes invité, de la part de Monsieur de Briguevillette, de vous trouver mardi prochain, vingt-quatre Juin, à la Fête qu'il donnera chez lui; à l'occasion du mariage de Mademoiselle de la Frippaudiere avec Monsieur le Baron de Tourponguillet, son fils.

RONDE.

Si c'est un aveugle-
ment qui n'est pas
naturel de vivre sans
chercher ce qu'on est,
il est encore plus
grand de vivre mal
en croyant Dieu.

BATARDE BRISÉE.

C'est là ma place au So-leil, disoit un pauvre en-fant. Voila le commencement de l'usurpation de la terre.

CURSIVE FRANÇOISE.

Sçai-tu, Maitre Blandin, disoit Dame Gironde à son mari, que Sire Thiboulet est devenu fou? Quoi? le Seigneur du Chateau? oui vraiment: Alexis, son Page, l'a conduit ici hier au soir, lorsque tu étois à la Ville. Notre Maitre, me dit-il (en secret) a l'esprit grandement derangé, il nous faut un giste promptement. Je lui ai donné celui de notre Fanchette et ma chambre à Alexis. Ce secret est bon à garder, dit Blandin à Dame Gironde.

ANCIENNE BATARDE.

En telle meſure que vous meſurerez, on voꝰ meſurera. Et pourquoy regarde tu le feſtu en loeil de ton frere ⁊ tu ne vois point vne poultre qui eſt en ton oeil. Ou com̃ent dis tu a ton frere, frere permetz que ie tire hors de tō oeil vng feſtu ⁊ voicy vne poultre eſt en ton oeil. Hypocrite, iecte premierement la poultre hors de ton oeil ⁊ adoncques tu verras a tirer le feſtu hors ꝺ loeil de ton frere.

Lettres de Forme.

Queſitũ ẽ ex parte
tua ſi cõmutationes
fieri valeant preben-
daꝝ: cũ commutatio
dignitatum in turoñ
concilio. fuerit inter-
dicta. Generaliter i-
taq̃ teneas q̄ cõmu-
tationes prebendaꝝ
de iure fieri nõ pñt
p̄ſerti cũ pactiõe p̄m-
iſſa: q̃circa ſpũalia
vł cõnexa ſpũalibus

LETTRES DE SOMME.

Ad noſtram noueris audientiam per-
ueniſſe quod cum. R. laicus lator preſen-
tium ab. M. mutuum recipere voluiſ-
ſet: creditor ne per canonē cōtra vſura-
rios editum poſſet in poſterum cōueniri
domos ⁊ oliuas recepit ab eodē titulo
emptionis : cum reuera cunctus vſura-
riꝰ ageret: quod patet ex eo quod creditor
debitori promiſit quod quicumque a ſep-
tēnio vſque ad nouēnium daret. lx. vn-
cias tarēorum quē vix dimidiā iuſti pre-
tii contingebāt domos eius reſtitueret
⁊ olivas.

FLAMAND.

Heere en straft my niet in uwe verbolghentheydt: noch in uwe gramschappe en kastydt my niet.

Ontfermt u myner Heere / want ick ben kranck: gheneest my Heere / want alle myne beenderen zyn heel ontstelt.

Ende myn ziele is seer verschrickt / maer ghy Heere / hoe langhe?

Wort omghekeert Heere / ende verlost myne ziele / maeckt my saligh om uwe bermhertigheydt.

Want daer en is niemandt inde doodt die uws gedachtigh is ende wie sal inde helle u belijden?

FLAMAND.

Wt de diepten heb ick gheroepen tot u Heere/ Heere verhoort mijn stemme.

Laet uwe ooren luysterende wesen nae de stemme mijns biddens.

Is't dat ghy de boosheden gade slaet Heere / wie sal't verdraghen.

Want by u is versoeninghe/ ende om uwe wet heb ick u Heere verdraghen.

Mijne ziele heeft verdraghen in sijn woordt / mijne ziele heeft ghehopet inde Heere.

ALLEMAND.

Wäre es möglich, daß die vor dreyhundert Jahren verstorbene Gelehrte wieder in die Welt kämen, und in die Palläste geführet würden, welche die ruhmwürdigste Käyser, Könige, Fürsten, Herren und Obere der Republiken und Städte zum Sammelplatz und Aufenthalt der gelehrten Werke errichtet haben: so würden sie sich über alle in einer so kurzen Zeit geschehene grosse Veränderungen nicht satt wundern können.

SCHWABACHER.

Der ausnehmende Vorzug des Nutzens von der Buchdruckerey ist: Daß sie den Namen dessen, der was lobens- und lesenswürdiges geschrieben hat, der Vergessenheit entreissen, und die etwas sauberes und nützliches abgedrucket haben, behalten selbst ein immerwährendes Andenken. Andere Fabriken und Manufacturen arbeiten der Vergänglichkeit begierig in die Hände. Die Früchte der edeln Buchdruckerey aber gehen von einer Hand in die andere, und bleiben gute Waare.

CURSIVE ALLEMANDE.

Meine Erklärung hat Sie recht sehr in den Harnisch gejagt, Gnädiges Fräulein. Sie trauen sich recht viel zu. Ihre Tugend hat brav Lermen gemacht. Aber was wollen Sie verwetten, daß Sie mich zuletzt doch noch lieben werden? Ja, ich bleibe dabey, Sie werden mich lieben. Ich weiß es wohl, was ich rede.

IRLANDOIS.

C. An bḟuil ḟós d'ḟia-
ċaib orunn Aiṫeanta na
hEaglaise do ċoiṁeud,
mar aon re hAiṫeanta
ib Dé?

F. Atá; do bríġ gonO-
rduiġeann Dia ḋuinn, fá
péin ḋamnuta, beiṫ u-
ṁal d'ar Naoṁṁaṫair
an Eaglais; óir grea-
muiġe ar Slánuiġṫeoir
ḋinn Mear Páganuiġ
agus Publiocánuiġ do
beiṫ aguinn air gaċ
Duine, do ḋiúltas éis-
deaċt ris an Eaglais.

IV. ARTICLE.

Caractères Orientaux.

HÉBREU DE CICÉRO.

תהל : קכ :

שיר המעלות אל יהוה בצרתה
לי קראתי ויענני · יהוה הצילה
נפשי משפת שקר מלשון רמיה :
מה יתן לך ומה יסיף לך לשון
רמיה : חצי גבור שנונים עם
גחלי רתמים : אויה לי כי גרתי
משך שכנתי עם אהלי קדר :
רבת שכנה לה נפשי עם
שונא שלום · אני שלום וכי
אדבר המה למלחמה :

DE SAINT-AUGUSTIN.

תהלים

אשרי האיש אשר לא הלך
בעצת רשעים · ובדרך
חטאים לא עמד· ובמושב
לצים לא ישב : כי אם
בתורת יהוה חפצו ובתורתו
יהגה יומם ולילה: והיה כעץ
שתול על פלגי מים אשר
פריו יתן בעתו ועלהו לא
יבול וכל אשר יעשה יצליח:
לא כן הרשעים· כי אם
כמוץ אשר תדפנו רוח :
על כן לא יקומו רשעים
במשפט וחטאים בעדת
צדיקים : כי יודע יהוה דרך
צדיקים· ודרך רשעים תאבד:

DE GROS-ROMAIN.

איוב : כה :

ויען בלדד השחי ויאמר
המשל ופחד עמו עשה
שלום במרומיו : היש
מספר לגדודיו ועל מי
לא יקום אורהו : ומה
יצדק אנוש עם אל ומה
יזכה ילוד אשה : הן עד
ירח ולא יאהיל וכוכבים
לא זכו בעיניו : אף כי
אנוש רמה ובן אדם
תולעה :

DE CICÉRO.

בְּאוֹר פְּנֵי מֶלֶךְ חַיִּים וּרְצוֹנוֹ
כְּעַב מַלְקוֹשׁ ׃ חֶסֶד וֶאֱמֶת
יִצְּרוּ מֶלֶךְ וְסָעַד בַּחֶסֶד כִּסְאוֹ׃
מֶלֶךְ יֹשֵׁב עַל כִּסֵּא דִין מְזָרֶה
בְעֵינָיו כָּל רָע ׃ פַּלְגֵי מַיִם לֵב
מֶלֶךְ בְּיַד יְהוָה עַל כָּל אֲשֶׁר
יַחְפֹּץ יַטֶּנּוּ ׃ יְרָא אֶת יְהוָה
בְּנִי וָמֶלֶךְ עִם שׁוֹנִים אַל
תִּתְעָרָב ׃ רְצוֹן מְלָכִים שִׂפְתֵי
צֶדֶק וְדֹבֵר יְשָׁרִים יֶאֱהָב ׃
חָזִיתָ אִישׁ מָהִיר בִּמְלַאכְתּוֹ

DE SAINT-AUGUSTIN.

מֵכִין הָרִים בְּכֹחוֹ נֶאְזָר
בִּגְבוּרָה׃ מַשְׁבִּיחַ שְׁאוֹן
יַמִּים שְׁאוֹן גַּלֵּיהֶם וַהֲמוֹן
לְאֻמִּים׃ וַיִּירְאוּ יֹשְׁבֵי
קְצָוֹת מֵאוֹתוֹתֶיךָ מוֹצָאֵי
בֹקֶר וָעֶרֶב תַּרְנִין׃ פָּקַדְתָּ
הָאָרֶץ וַתְּשֹׁקְקֶהָ רַבַּת
תַּעְשְׁרֶנָּה פֶּלֶג אֱלֹהִים
מָלֵא מָיִם תָּכִין דְּגָנָם כִּי
כֵן תְּכִינֶהָ׃

RABBINIQUE.

אשבית, כמו תשבחסר משקיע
כדרך אתה מושל בגאות הים בע
פור שהזכיר וים רחוקיים וטעס
והמין לאומים הנמשלים למים
כמו את מי הנהר העצומים והנה
הטס יוסיעס מהכבורת ומהנר:
וייראו יוטבי קצוות, כנגד בית
המקדש:
מאותותיך · והס גבורות המער
כמו עוטה גדולעד אין הקר וט
ע׳ מונאי בקר האותות הנראות
ג״בא״ס גויסר כתר קדנ״ט ובע
רב במנור ז״פרך

SAMARITAIN.

[illegible]
[illegible]
[illegible]
[illegible]
[illegible]
[illegible]
[illegible]
[illegible]
[illegible]

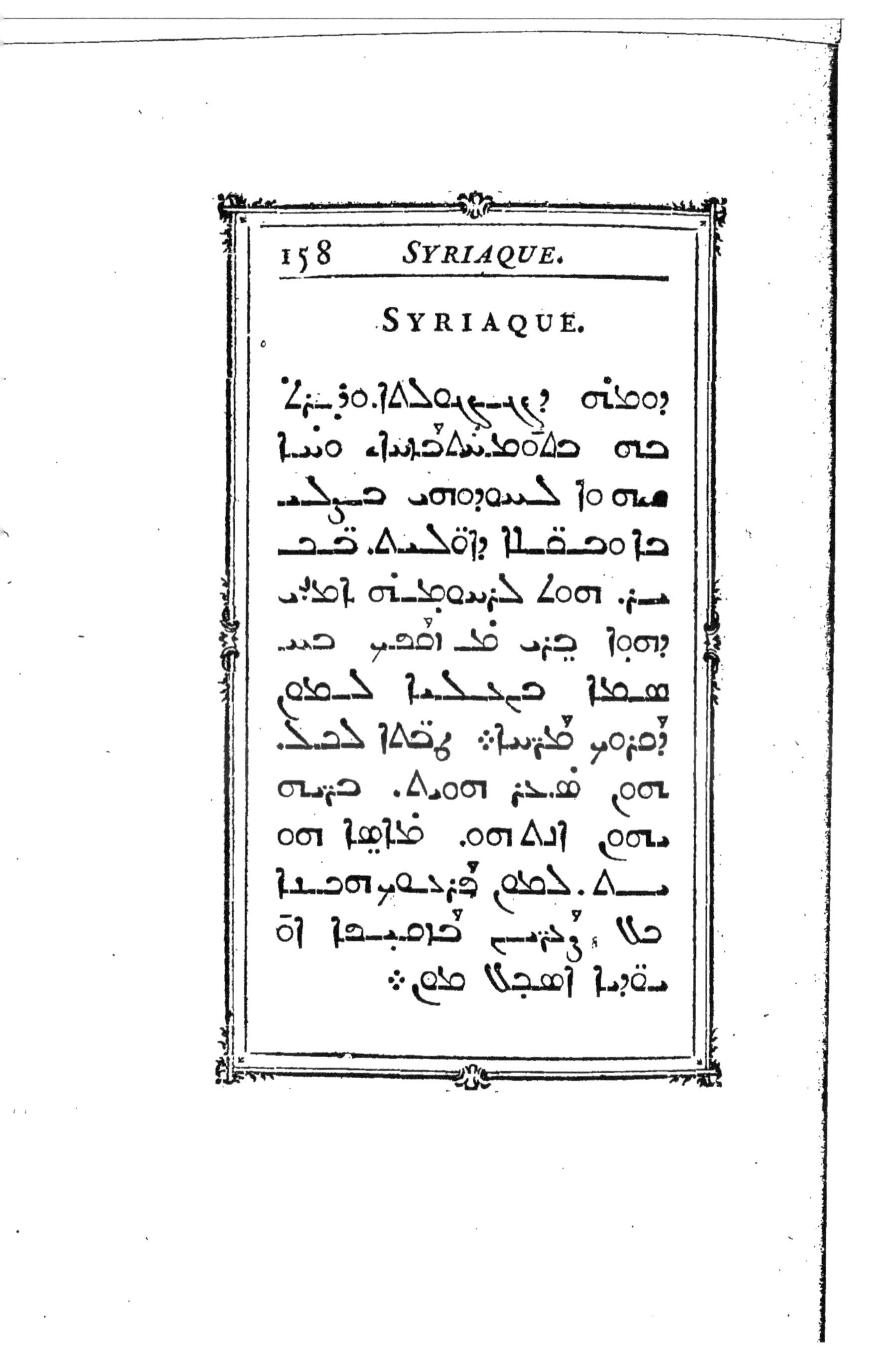

SYRIAQUE.

[illegible]
[illegible]
[illegible]
[illegible]
[illegible]
[illegible]
[illegible]
[illegible]
[illegible]
[illegible]
[illegible]
[illegible]
[illegible]

ARABE.

عن النبى اعظم النسا
بركة ايسرهن مونة. قيل
ثلثة تفرج القلب وتجم
العقل والفواد الزوجة
الجميلة والكفاف من
الرزق والاخ المونس.
ابو القاسم الحكيم. من
لم يكن عنده زوجة

Cophte.

Ⲥⲱⲧⲉⲙⲡⲁⲟⲥⲛ ⲡⲁⲁⲗⲟ
ⲩϥⲁⲣⲟⲝ ⲉⲓⲉⲥⲁⲗⲓ Ⲁⲛ
ⲁⲩ Ⲧⲁⲣⲡⲉⲭⲛⲟⲥ ϯϥⲉ
ⲛⲛⲉⲛⲁⲓⲁ ⲛⲧⲉⲛⲉ ⲕⲗⲁ
ⲗⲓ Ⲑⲍⲁⲣⲉ ϩⲛⲡⲉⲕⲣⲁⲛ
ⲉⲃⲟⲗϩⲉⲛ ⲧⲉϩⲛⲏ Ⲟⲩⲟⲓ
ⲙⲛⲉⲕⲗⲁⲁⲗⲓ ⲛⲉⲙⲓ ⲧϩⲣ
ⲏⲛⲏϩ

ARMÉNIEN.

* Ի Դաստարած Սաղմոս
Դուռթ : Լոիէ քեզ Տէ
յառուր տմՃկուէ օգնտկտմ
էղ իցիքգէ անուննս Աշ
մտկօբայ

ÉTHIOPIEN.

የኤን ፏወደሊመ ለኧ
ለሰማይ ወሶደርን ሊዘ አ
ለሰ ሊነ ወኢቴአነ መንሴተ
ቀስት አላ አ ዶስነነ ወባል
ሐነ አመሴቡ እኩደ አ
ሰወ ዘአብ ደኢቴ መነርሠ
ሐትአሚን

DE PETIT-TEXTE.

Ὁ πρεσβύτερος Γαΐῳ τῷ ἀγαπητῷ, ὃν ἐγὼ ἀγαπῶ ἐν ἀληθείᾳ. Ἀγαπητὲ, περὶ πάντων εὔχομαί σε εὐοδοῦσθαι καὶ ὑγιαίνειν, καθὼς εὐοδοῦταί σου ἡ ψυχή. Ἐχάρην γὰρ λίαν ἐρχομένων ἀδελφῶν, καὶ μαρτυρούντων σου τῇ ἀληθείᾳ, καθὼς σὺ ἐν ἀληθείᾳ περιπατεῖς. Μειζοτέραν τούτων οὐκ ἔχω χαρὰν, ἵνα ἀκούω τὰ ἐμὰ τέκνα ἐν ἀληθείᾳ περιπατοῦντα. Ἀγαπητὲ, πιστὸν ποιεῖς ὃ ἐὰν ἐργάσῃ εἰς τοὺς ἀδελφοὺς καὶ εἰς τοὺς ξένους.

Οἳ ἐμαρτύρησάν σου τῇ ἀγάπῃ ἐνώπιον ἐκκλησίας· οὓς καλῶς ποιήσεις προπέμψας ἀξίως τοῦ Θεοῦ. Ὑπὲρ γὰρ τοῦ ὀνόματος αὐτοῦ ἐξῆλθον, μηδὲν λαμβάνοντες ἀπὸ τῶν ἐθνῶν.

Ἡμεῖς οὖν ὀφείλομεν ἀπολαμβάνειν τοὺς τοιούτους, ἵνα συνεργοὶ γινώμεθα τῇ ἀληθείᾳ.

Ἔγραψα τῇ ἐκκλησίᾳ· ἀλλ' ὁ φιλοπρωτεύων αὐτῶν Διοτρεφὴς οὐκ ἐπιδέχεται ἡμᾶς.

Διὰ τοῦτο, ἐὰν ἔλθω, ὑπομνήσω αὐτοῦ τὰ ἔργα ἃ ποιεῖ, λόγοις πονηροῖς φλυαρῶν ἡμᾶς· καὶ μὴ ἀρκούμενος ἐπὶ τούτοις, οὔτε αὐτὸς ἐπιδέχεται τοὺς ἀδελφοὺς, καὶ τοὺς βουλομένους κωλύει, καὶ ἐκ τῆς ἐκκλησίας ἐκβάλλει.

Ἀγαπητὲ, μὴ μιμοῦ τὸ κακὸν, ἀλλὰ τὸ ἀγαθόν· ὁ ἀγαθοποιῶν, ἐκ τοῦ Θεοῦ ἐστιν· ὁ δὲ κακοποιῶν, οὐκ ἑώρακε τὸν Θεόν.

DE PETIT-ROMAIN.

Τοῦ δὲ Ἰησοῦ γεννηθέντος ἐν Βηθλεὲμ τῆς Ἰουδαίας, ἐν ἡμέραις Ἡρώδου τοῦ βασιλέως, ἰδοὺ, μάγοι ἀπὸ ἀνατολῶν παρεγένοντο εἰς Ἱεροσόλυμα, λέγοντες.

Ποῦ ἐστιν ὁ τεχθεὶς βασιλεὺς τῶν Ἰουδαίων; εἴδομεν γὰρ αὐτοῦ τὸν ἀστέρα ἐν τῇ ἀνατολῇ, καὶ ἤλθομεν προσκυνῆσαι αὐτῷ.

Ἀκούσας δὲ Ἡρώδης ὁ βασιλεὺς ἐταράχθη, καὶ πᾶσα Ἱεροσόλυμα μετ' αὐτοῦ.

Καὶ συναγαγὼν πάντας τοὺς ἀρχιερεῖς καὶ γραμματεῖς τοῦ λαοῦ, ἐπυνθάνετο παρ' αὐτῶν ποῦ ὁ Χριστὸς γεννᾶται.

Οἱ δὲ εἶπον αὐτῷ· Ἐν Βηθλεὲμ τῆς Ἰουδαίας· οὕτω γὰρ γέγραπται διὰ τοῦ προφήτου.

Καὶ σὺ Βηθλεὲμ, γῆ Ἰούδα, οὐδαμῶς ἐλαχίστη εἶ ἐν τοῖς ἡγεμόσιν Ἰούδα· ἐκ σοῦ γὰρ ἐξελεύσεται ἡγούμενος, ὅστις ποιμανεῖ τὸν λαόν μου τὸν Ἰσραήλ.

DE PHILOSOPHIE.

Sans ligatures.

Ὃ ἦν ἀπ᾽ ἀρχῆς, ὃ ἀκηκόαμεν, ὃ ἑωράκαμεν τοῖς ὀφθαλμοῖς ἡμῶν, ὃ ἐθεασάμεθα, καὶ αἱ χεῖρες ἡμῶν ἐψηλάφησαν περὶ τοῦ λόγου τῆς ζωῆς.

Καὶ ἡ ζωὴ ἐφανερώθη, καὶ ἑωράκαμεν, καὶ μαρτυροῦμεν, καὶ ἀπαγγέλλομεν ὑμῖν τὴν ζωὴν τὴν αἰώνιον, ἥτις ἦν πρὸς τὸν πατέρα, καὶ ἐφανερώθη ἡμῖν.

Ὃ ἑωράκαμεν καὶ ἀκηκόαμεν, ἀπαγγέλλομεν ὑμῖν, ἵνα καὶ ὑμεῖς κοινωνίαν ἔχητε μεθ᾽ ἡμῶν· καὶ ἡ κοινωνία δὲ ἡ ἡμετέρα μετὰ τοῦ πατρὸς καὶ μετὰ τοῦ υἱοῦ αὐτοῦ Ἰησοῦ Χριςοῦ.

Καὶ ταῦτα γράφομεν ὑμῖν, ἵνα ἡ χαρὰ ὑμῶν ᾖ πεπληρωμένη.

DE PHILOSOPHIE.

ΕΝ δὲ ταῖς ἡμέραις ἐκείναις παραγίνεται Ἰωάννης ὁ βαπτιστὴς, κηρύσσων ἐν τῇ ἐρήμῳ τῆς Ἰουδαίας, καὶ λέγων· Μετανοεῖτε, ἤγγικε γὰρ ἡ βασιλεία τῶν οὐρανῶν. Οὗτος γάρ ἐστιν ὁ ῥηθεὶς ὑπὸ Ἡσαΐου τοῦ προφήτου, λέγοντος· Φωνὴ βοῶντος ἐν τῇ ἐρήμῳ· Ἑτοιμάσατε τὴν ὁδὸν Κυρίου, εὐθείας ποιεῖτε τὰς τρίβους αὐτοῦ. Αὐτὸς δὲ ὁ Ἰωάννης εἶχε τὸ ἔνδυμα αὐτοῦ ἀπὸ τριχῶν καμήλου, καὶ ζώνην δερματίνην περὶ τὴν ὀσφὺν αὐτοῦ· ἡ δὲ τροφὴ αὐτοῦ ἦν ἀκρίδες καὶ μέλι ἄγριον. Τότε ἐξεπορεύετο πρὸς αὐτὸν Ἱεροσόλυμα, καὶ πᾶσα ἡ Ἰουδαία, καὶ πᾶσα ἡ περίχωρος τοῦ Ἰορδάνου. Καὶ ἐβαπτίζοντο ἐν τῷ Ἰορδάνῃ ὑπ' αὐτοῦ, ἐξομολογούμενοι τὰς ἁμαρτίας αὐτῶν. Ἰδὼν δὲ πολλοὺς τῶν Φαρισαίων καὶ Σαδδουκαίων ἐρχομένους ἐπὶ τὸ βάπτισμα αὐτοῦ, εἶπεν αὐτοῖς.

DE CICÉRO.

ΠΑΥΛΟΣ ἀπόστολος Ἰησοῦ Χριστοῦ, διὰ θελήματος Θεοῦ, κατ' ἐπαγγελίαν ζωῆς τῆς ἐν Χριστῷ Ἰησοῦ, Τιμοθέῳ ἀγαπητῷ τέκνῳ, χάρις, ἔλεος, εἰρήνη ἀπὸ Θεοῦ πατρὸς, καὶ Χριστοῦ Ἰησοῦ τοῦ Κυρίου ἡμῶν.

Χάριν ἔχω τῷ Θεῷ, ᾧ λατρεύω ἀπὸ προγόνων ἐν καθαρᾷ συνειδήσει, ὡς ἀδιάλειπτον ἔχω τὴν περὶ σοῦ μνείαν ἐν ταῖς δεήσεσί μου νυκτὸς καὶ ἡμέρας. Ἐπιποθῶν σε ἰδεῖν, μεμνημένος σου τῶν δακρύων, ἵνα χαρᾶς πληρωθῶ.

Ὑπόμνησιν λαμβάνων τῆς ἐν σοὶ ἀνυποκρίτου πίστεως, ἥτις ἐνῴκησε πρῶτον ἐν τῇ μάμμῃ σου Λωΐδι καὶ τῇ μητρί σου Εὐνίκῃ· πέπεισμαι δὲ ὅτι καὶ ἐν σοί.

DE CICÉRO,

Sans ligatures.

Ταύτην ἤδη, ἀγαπητοὶ, δευτέραν ὑμῖν γράφω ἐπιςολὴν, ἐν αἷς διεγείρω ὑμῶν ἐν ὑπομνήσει τὴν εἰλικρινῆ διάνοιαν· Μνηστῆναι τῶν προειρημένων ῥημάτων ὑπὸ τῶν ἁγίων προφητῶν, καὶ τῆς τῶν ἀποςόλων ἡμῶν ἐντολῆς, τοῦ Κυρίου καὶ σωτῆρος. Τοῦτο πρῶτον γινώσκοντες, ὅτι ἐλεύσονται ἐπ' ἐσχάτου τῶν ἡμερῶν ἐμπαῖκται, κατὰ τὰς ἰδίας αὐτῶν ἐπιθυμίας πορευόμενοι, καὶ λέγοντες· Ποῦ ἐςιν ἡ ἐπαγγελία τῆς παρουσίας ἀυτοῦ; ἀφ' ἧς γὰρ οἱ πατέρες ἐκοιμήθησαν, πάντα οὕτω διαμένει ἀπ' ἀρχῆς κτίσεως. Λανθάνει γὰρ ἀυτοὺς τοῦτο θέλοντας, ὅτι οὐρανοὶ ἦσαν ἔκπαλαι, καὶ γῆ ἐξ ὕδατος καὶ δἰ ὕδατος συνεςῶσα, τῷ τοῦ Θεοῦ λόγῳ.

DE SAINT-AUGUSTIN.

ΠΑΥΛΟΣ δοῦλος Θεοῦ, ἀπόστολος δὲ Ἰησοῦ Χριστοῦ κατὰ πίστιν ἐκλεκτῶν Θεοῦ καὶ ἐπίγνωσιν ἀληθείας τῆς κατ' εὐσέβειαν· Ἐπ' ἐλπίδι ζωῆς αἰωνίου, ἣν ἐπηγγείλατο ὁ ἀψευδὴς Θεὸς πρὸ χρόνων αἰωνίων. Ἐφανέρωσε δὲ καιροῖς ἰδίοις τὸν λόγον αὐτοῦ, ἐν κηρύγματι ὃ ἐπιστεύθην ἐγὼ κατ' ἐπιταγὴν τοῦ σωτῆρος ἡμῶν Θεοῦ· Τίτῳ γνησίῳ τέκνῳ κατὰ κοινὴν πίστιν· Χάρις, ἔλεος, εἰρήνη ἀπὸ Θεοῦ πατρὸς καὶ Κυρίου Ἰησοῦ Χριστοῦ τοῦ σωτῆρος ἡμῶν.

DE GROS-TEXTE.

Κεφ. ά. 1.

Ὃ ἦν ἀπ' ἀρχῆς, ὃ ἀκηκό-
αμεν, ὃ ἑωράκαμεν τοῖς
ὀφθαλμοῖς ἡμῶν, ὃ ἐθεα-
σάμεθα, καὶ αἱ χεῖρες ἡ-
μῶν ἐψηλάφησαν περὶ τοῦ
λόγου τῆς ζωῆς.

Καὶ ἡ ζωὴ ἐφανερώθη,
καὶ ἑωράκαμεν, καὶ μαρ-
τυροῦμεν, καὶ ἀπαγγέλ-
λομεν ὑμῖν τὴν ζωὴν τὴν
αἰώνιον, ἥτις ἦν πρὸς τὸν
πατέρα, καὶ ἐφανερώθη
ἡμῖν.

DE GROS-ROMAIN.

Κεφ. ά 1.

Συμεὼν Πέτρος, δοῦλος καὶ ἀπόστολος Ἰησοῦ Χριστοῦ, τοῖς ἰσότιμον ἡμῖν λαχοῦσι πίστιν ἐν δικαιοσύνη τοῦ Θεοῦ ἡμῶν καὶ σωτῆρος ἡμῶν Ἰησοῦ Χριστοῦ· Χάρις ὑμῖν καὶ εἰρήνη πληθυνθείη ἐν ἐπιγνώσει τοῦ Θεοῦ, καὶ Ἰησοῦ τοῦ Κυρίου ἡμῶν. Ὡς πάντα ἡμῖν τῆς θείας δυνάμεως αὐτοῦ τὰ πρὸς ζωὴν καὶ

V. ARTICLE.

NOTES De Musique & de Plein-chant.

PETITE MUSIQUE.

quoi te faire entendre? pourquoi
Colin m'allarmer chaque jour?
Ne peut-on pas vivre heureux
ſans amour?

GROSSE MUSIQUE.

MUSIQUE

Des Pseaumes, pour les Protestants.

GROSSE MUSIQUE,

Pour la Symphonie & pour le Chant.

Monseigneur, voyez mes larmes, Je succombe à mes allarmes. Monsei-
Monseigneur, voyez ses larmes, Mettez fin à ses allar-mes. Monseigneur, voyez nos larmes, Ah! laissez vous attendrir. A ses yeux si j'ai des
gneur, voyez nos larmes, Ah! laissez vous attendrir. Si Lubin cède à ses

charmes, Est-ce lui qu'il faut punir, est-ce lui qu'il faut punir?
charmes, C'eſt lui ſeul qu'il faut punir, C'eſt lui ſeul qu'il faut punir.
Que la peine me chagrine! Mais, Anette eſt ma cou-ſi-ne. Cet en-
fant, cette orphe-li-ne, Doit-elle être à l'aban-don? Non, non.

NOTE DE QUATRE POINTS DE NOMPAREILLE.

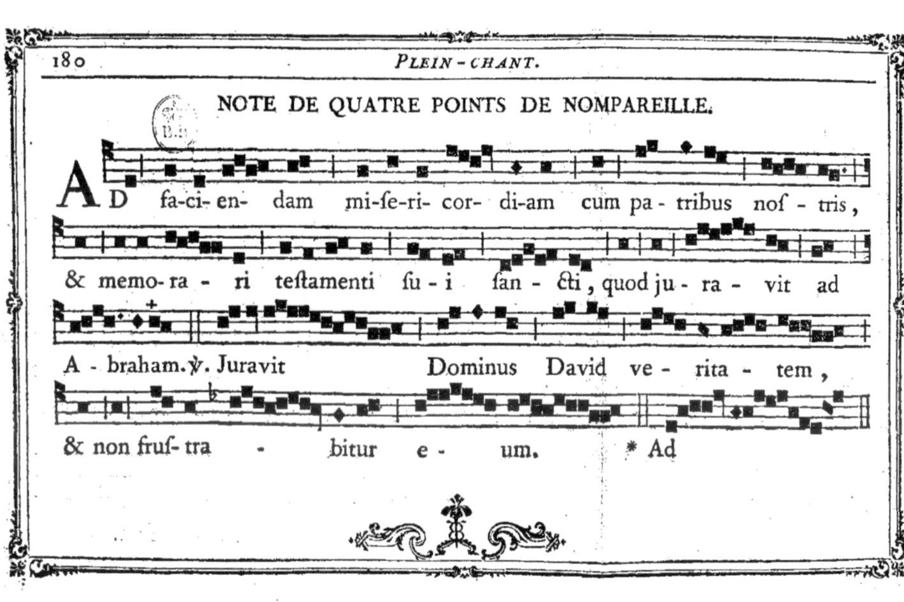

NOTE DE QUATRE POINTS DE CICÉRO,

Avec le caractère de Petit-parangon.

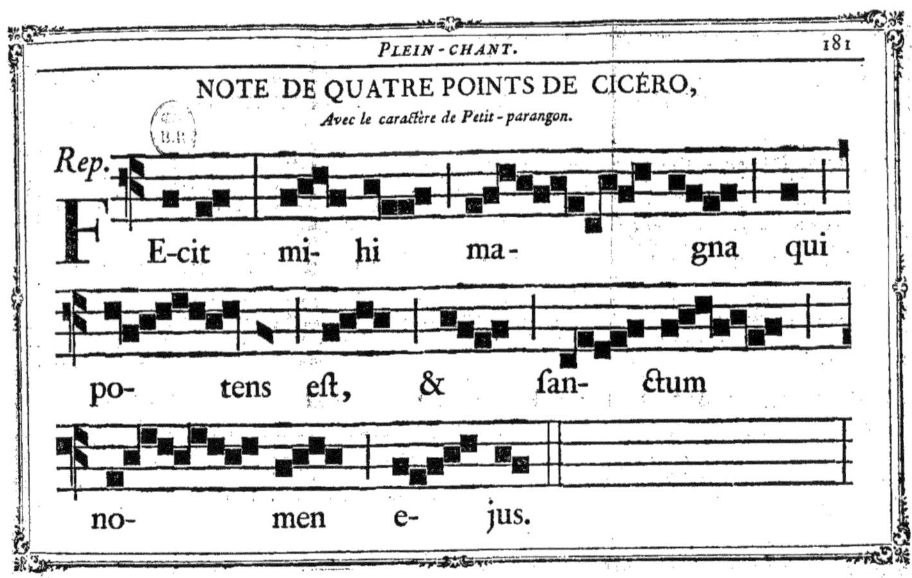

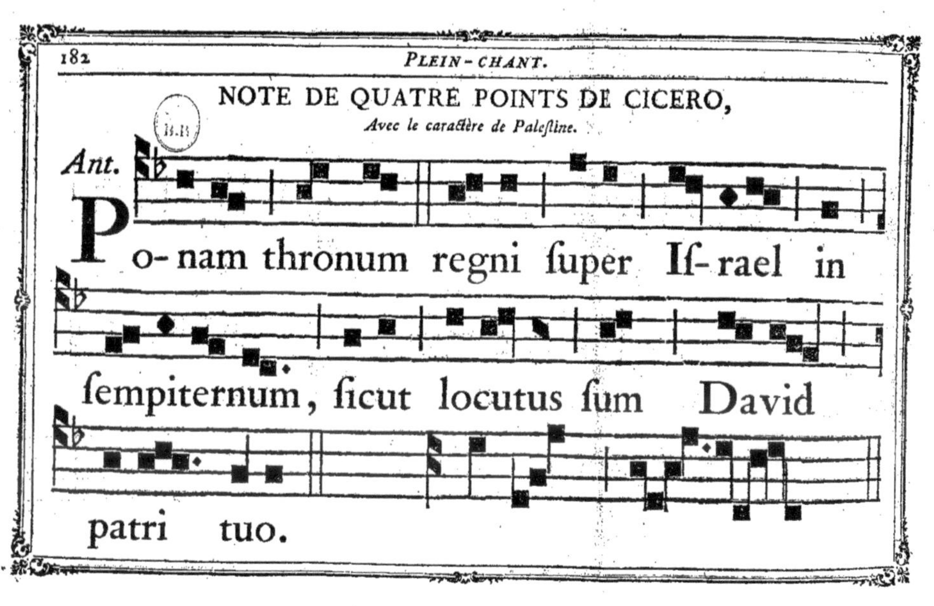
182
PLEIN-CHANT.
NOTE DE QUATRE POINTS DE CICERO,
Avec le caractère de Palestine.
Ant.
Ponam thronum regni ſuper Iſ-rael in
ſempiternum, ſicut locutus ſum David
patri tuo.

NOTE DE QUATRE POINTS DE GROSROMAIN,

Avec le caractère de Petit-canon.

NOTE DE QUATRE POINTS DE GROS ROMAIN,
Avec le caractère de Trismégiste.
vij Respons. de 3.
A-Brahæ di-ctæ sunt
promissiones, & se- mini e-jus.

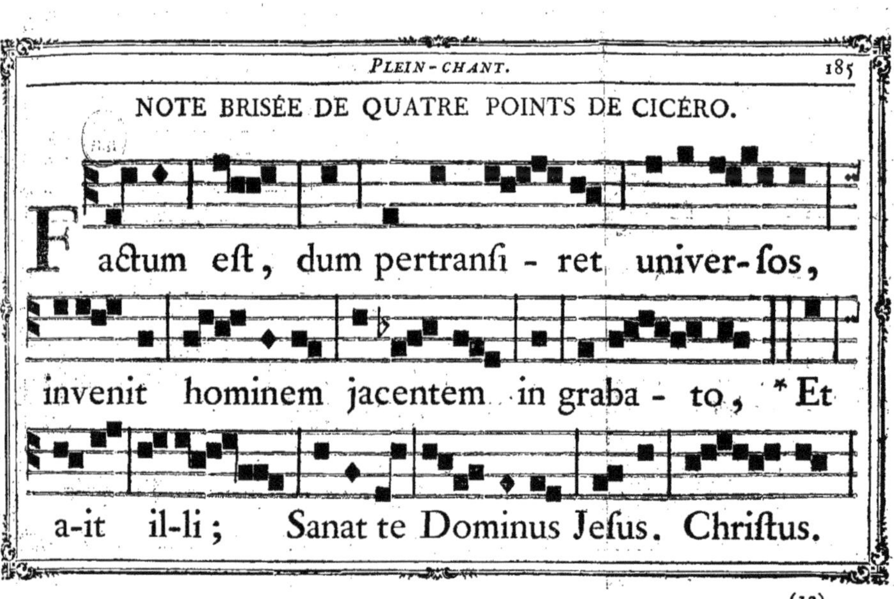
PLEIN-CHANT.
185
NOTE BRISÉE DE QUATRE POINTS DE CICÉRO.
Factum eſt, dum pertranſi - ret univer- ſos,
invenit hominem jacentem in graba - to, * Et
a-it il-li ; Sanat te Dominus Jeſus. Chriſtus.
(12)

NOTE DE QUATRE POINTS DE GROS-ROMAIN.

ARTICLE VI.

ALPHABETS
Des Langues modernes & anciennes.

1 *Romain.*

Aa Bb Ccç Dd Ee

Ff Gg Hh IJij Kk Ll

Mm Nn Oo Pp Qq

Rr Sſs Tt UVuv

Xx Yy Zz Ææ Œœ

Ww & &t ſt É È Ê.

2 *Italique moderne.*

Aa Bb Cc Dd Ee Ff

Gg Hh IJij Kk Ll Mm

Nn Oo Pp Qq Rr Sſs

Tt UV uv Xx Yy Zz &

3 *Italique ancienne.*

A A a B B b C C c

D D d E E e F f G G g

H h I J J i j K k L l

M M m N N n

O o P P p Q Q u q

R R r S ſ s T T t

V U V u v X x Y y

Z Z z & & ß st nt

4 *Bâtarde coulée.*

Aaa Bb Cc Dd

Eee Fff Ggg

hh Iij Kk Ll Mm

Nun Oo Ppp pp

Qq Rrr Ssf

Tt t t Vu v

Xxx Yy Zz &

& & de e e ez tz

à é ff fi ss tt — —

5 *Ronde.*

A a B b C c d d d E e

F f f g g H h I i j K k

L l M m N n n O o

P p p Q q R r v S s s x

T t t t V v u v X x

Y y y Z z & e

6 *Bâtarde brisée.*

A a B b C

c D d E e F f G g

H h I i K L l M

m N n O o P p

Q q R r S s T t V u v

X x Y y Z z &

7 *Bâtarde ancienne.*

Aa Bb Cc Ddd Ee Ff
Gg Hh Ii Kk Ll Mmm
Nnn Oo Pp Qq Rrr S
ſs Tt Vuv Xx y Zz

8 *Cursive Françoise.*

Aaa Bb Cc Dddd
Ee Ff Gg Hh Iij Kk
Ll Mmm Nnny
Oo Pp Qq Rr Sſs
Tt Vuv Xx
Yyy Zz

9 *Lettres de Somme.*

Aa Bb Cc Ddd Ee Ff Gg Hh
Iij Kk Ll Mm Nn Oo Pp Qq
Rr SSſs Tt UVuv Xx Yy Zz

10 *Lettres de forme.*

Aa Bb Cc Dd Ee

Ff Gg Hh Ji Kk

Ll Mm Nn Oo

Pp Qq Rrꝛ Sſs

Tt Uuv Xx Yyz

11 *Lettres tourneures.*

A B C D E

F G H I K L

M N O P Q R

S T U X y z

12 *Allemand.*

A a B b C c D d

E e F f G g H h I i j

K k L l M m N n

O o P p Q q R r ꝛ

S ſ s T t U u V v

X x Y y Z z W w

13 *Cursive Allemande.*

A a B b C c D d E e F f

G g H h I i j K k L l

M m N n O o P p Q q

R r S ſ s T t U u V v X x

Y y Z z W w ʒ ch ſt ſi tt

14 *Schwabacher.*

Aa Bb Cc Dd Ee
Ff Gg Hh Iij Kk
Ll Mm Nn Oo
Pp Qq Rr r Sſsß
Tt Uu Vv Xx Yy
Zz Ww. tz ck ſi ſſ

15 *Majuscules Allemandes.*

A B C D E F G
H I K L M N
O P Q R S T
U V X Y Z W

16 *Flamand.*

Aa Bb Cc Dd Ee Ff Gg

Hh Iijÿ Kk Ll Mm Nn

Oo Pp Qq Rrꝛ Sſs Tt

U Vu vw Xx Yy Zz Ææ &

17 *Irlandois.*

A A a B b C c D d E e F f

A A a B b C c D d E e F f

G g H h I i L l M M m N

G G H h I i L l M M m N

N n O o P p R r S s T t

N n O o P p R r S s T t

U u v ao bh ht hs ir mh ui

U u v ao bh ht hs ir mh ui

18 *Latin ancien.*

A ʎ a B b ϭ C D d

E Є F f G g H h I ı

K k L l M m N O

P p Q q R r S ſ

T t V u X Y y Z

19 *François ancien.*

A a Ð b ‹ p δ E e

F f f G H h I K L

M ɯ H ◊ O P Q R

r S s Ɛ T V u ʎ Y

20 *Curſive Romaine.*

a b c d e f g h i j k l
m n o p g r ſ s t u x y z

21 *Francisque.*

a b c d e f g h i l
m n o p q r ſ t u x

22 *du teſtament de César.*

a b c d e f g
h i l m n o p
q r r t u x y

23 *Bullantique.*

ABCDEFGH
IKLMNOPQ
RSTVXYZ

24 *Cadeaux.*

ABCDE
FGHIKL
MNOPQ
RSTVXYZ

25 *Anglois.*

A a B b C c D d

E e F G g H I i j

K L M m N n O o

P p p Q q R r S s

T t U u w x y z &

26 *Saxon.*

A a B b C c D d E e F

G g H h I i k L l M m

N n o p Q q R r S s

T t U u x y z th th w

27 *Lombard.*

a b c d e f g h i l m

n o p q r s t u x y z

28 *Franco - galle.*

a b c d e f g h i l m

n o p q r s t u x y z

29 *Runique.*

a b c c d d e f g g h i

k l m n o p q q r r s

t t u x y z & æ œ w

30 *Étrusque.*

a b c d e f g h i k

l m n o p q r s t u

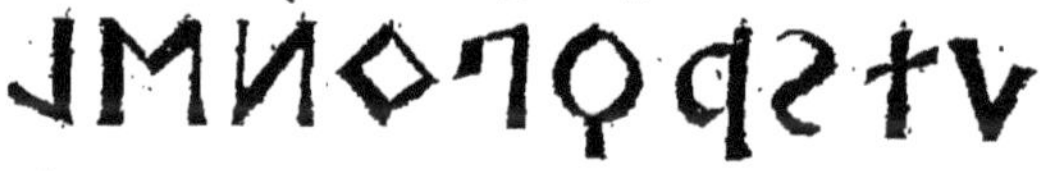

31 *Étrurien.*

a b c d e f g h

i k l m n o p

q r s t u x y

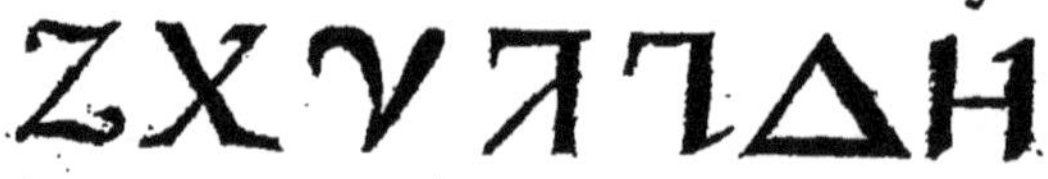

32 *Toscan.*

h g f e d c b a

q p o n m l k i

il ch z x u t s

33 *Normand.*

a b c d e f g h

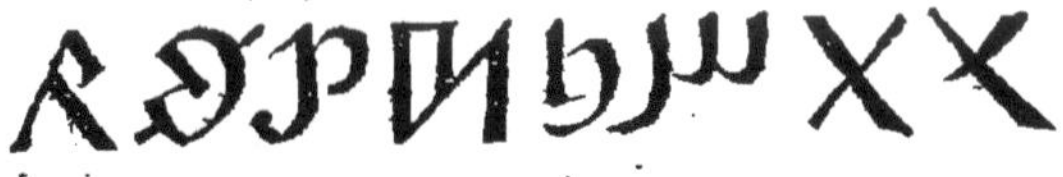

j k l m n o p q

r s t u x y z &

34 *Gothique.*

a b c d e f g h

i k l m n o p q

r s t u x y z

& au eu ei oi æ œ

35 *Mœso-gothique.*

a b c d e f g h

i k l m n o p q

r s t u w x y z th

36 *de Charlemagne.*

a b c d e f g h

i k l m n o p q

r s t u x y z &

37 *du même.*

a b c d e f g h

i k l m n o p q

r s t u x y z &

38 *au même.*

a b c d e f g h

i k l m n o p q

r s t u x y z &

39 *Imperial.*

a b c d e f g h

i k l m n o p

q r s t u x y

z & ch ph ps ſc ſch

40 *Teutonique.*

a b c d d d

e f g g h i

l m m n n o

o o o p p q

r s s t u x

41 *des Huns.*

f é e e d cz cs b a

ly l k k j i h gy g

ſz s r p o o ny n m

ezs z v u u ty t t

42 *des Francs.*

a b c d e f g h

i k l m n o p r

s t x y ph ch ps ō

43 *des Tables d'Eugubio.*

e d c b b a

n m l k i g f

u t s r p o o

44 *de la Philosophie ſecrette.*

a b c d e f g h

i k l m n o p q

r s t u x y z

45 *Sarazin.*

h g f e d c b a

q p o n m l k i

z y x u t s r

46 *Hanscret.*

a b c d e f g h

i k l m n o p r

s t x z bh dh kh th

47 *Ionique.*

a b c d e f g h

i k l m n o p q

r s t u x y z

48 *Phénicien.*

a b c d e f g h

i k l m n o p q

r s t th u x y z

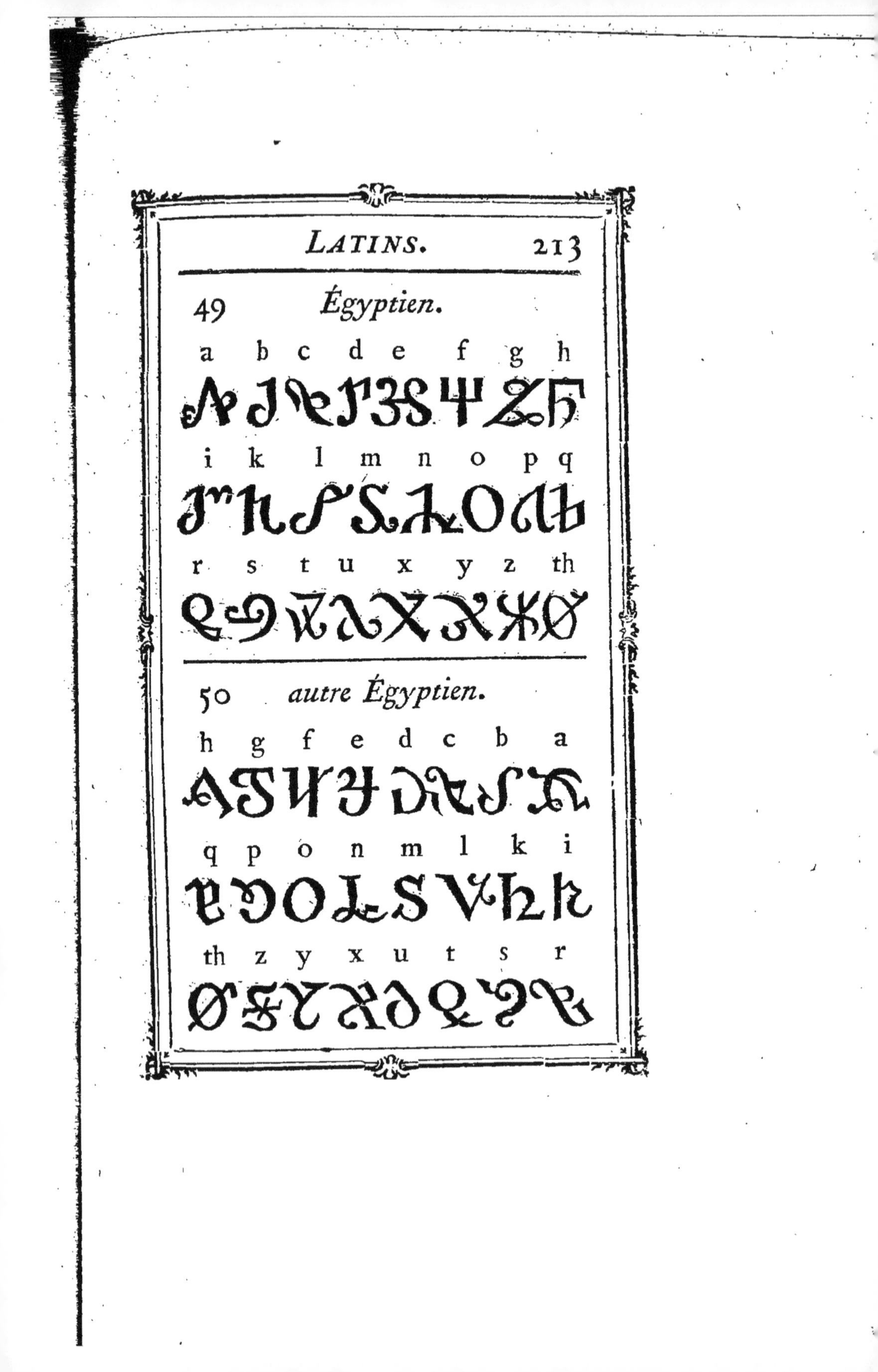

49 *Égyptien.*

a b c d e f g h

i k l m n o p q

r s t u x y z th

50 *autre Égyptien.*

h g f e d c b a

q p o n m l k i

th z y x u t s r

51 Isiac-égyptien.

a b c d e f g h

i k l m n o p q

r s t u x y z

52 Lettres ſacrées.

a b c d e f g h

i k l m n o p q

r s t u x y z

53 *Hiéroglyphique.*

a b c d e f g h

i k l m n o p q

r s t u x y z

54 GREC.

a b, v g d

Α α Β β ϐ Γ γ Γ Δ δ δ

ĕ z ē, ī th i

Ε ε Ζ ζ ζ Η η Θ θ ϑ ϑ Ι ι

k, c, q l m n x

Κ κ Λ λ Μ μ Ν ν Ξ ξ

ŏ p r s

Ο ο Π ϖ π Ρ ϱ ρ Σ C ς σ

t y, u ph, f ch

Τ τ ˥ Υ υ Φ ϕ φ Χ χ

ps ō kai os oi ou ſt

Ψ ψ Ω ω ϗ ϭ ϭ ȣ ϛ

55 *Grec ancien.*

a b g d e f z h th

i k l m n x ŏ p 90

r s t u ph ch ps ō 900

56 *Æolien.*

a b g d e z h th

i k l m n x ŏ p

r s t u ph ch ps ō

57 *Attique.*

a b g d e z h th

i k l m n x ŏ p

r s t u ph ch ps ō

58 *Dorique.*

a b g d e z h th

i k l m n x ŏ p

r s t u ph ch ps ō

59 *Copht.*

a b g d e

ⲀⲁⲂⲃⲄⲅⲆⲇⲈⲉ

s z ē th i k

ⲊⲋⲌⲍⲎⲏⲐⲑⲒⲓⲔⲕ

l m n x o p

ⲖⲗⲘⲙⲚⲛⲜⲞⲠⲡ

f r s t y ph

ϥⲢⲣⲤⲥⲦⲧⲨⲩⲪⲫ

ch ps ō sch

ⲬⲭⲮⲯⲰⲱϢϣ

kh h j sc dh

ϦϧϨϩϪϫϭϮϯ

60 *Copht ancien.*

a b g d e z s h

th i k l m n x o

p r s t y ph ch ps

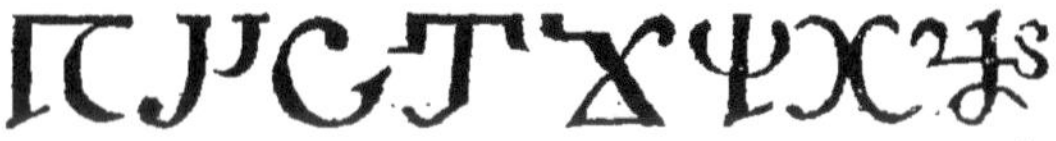

ō sch w ch h gu s di

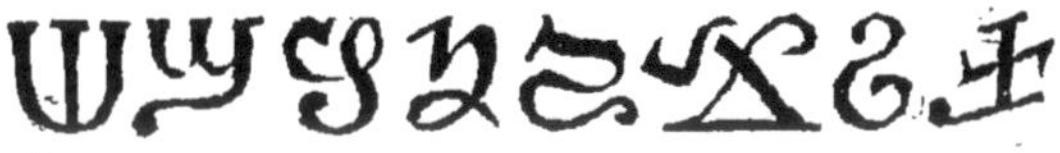

61 *Tyrien ou Punique.*

a b g d e u z h th i k

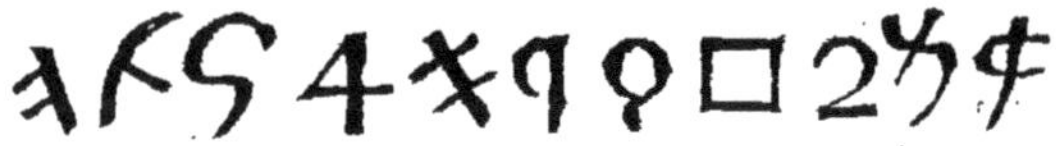

l m n s o p ts q r sc t

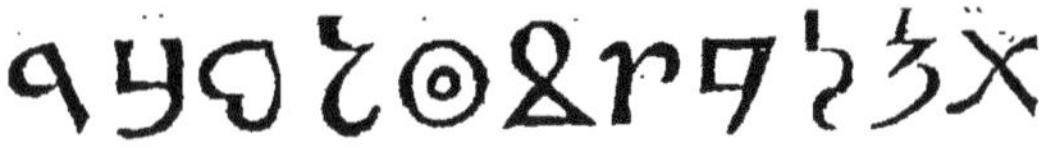

62 *Hibérien.*

a b g d

e tz z h th

i c l m n

x o p r s

t y ph kh ps

ō sch u ch r ghi sc t

63 *d'Apollonius.*

a b g d e z h th

i k l m n x ŏ p

r s t u ph ch ps ō

64 *de Virgile.*

a b g d e z h th

i k l m n x o p

r s t y ph ch ps ō

65 *Ruſſe.*

a b g d e

А а б В Г Д Е е

x z dz i y k ł m

Ж Ѕ З И І К Л М

n o p r s t y

Н О П Р С Т т У

f ch cz ts sc ie ui

Ф Х Ц Ч Ш Щ Ъ Ы

i ē xe ks ps th is

Ь Ѣ Э Ю Я Ѳ Ѵ

66 *Servien, de S. Cyrille.*

a	b	v	g	d	e	zh	z
Я	Б	В	Г	Д	Є	Ж	Ѕ
z	i	th	i	y	k	l	m
З	И	Ѳ	І	Ї	К	Л	М
n	x	o	p	cc	r	s	t
N	Ξ	О	П	Ҁ	Р	С	Т
y	w	f	ch	ps	ō	sch	cz
Υ	Ѹ	Ф	Х	Ѱ	Ѡ	Щ	Ц
c	sc	e	ē	ya	ye	yo	you
Ч	Ш	Ъ	Ѣ	Ꙗ	Ѥ	Ю	Ю

67 *Servien.*

a b v g d e x z
iz i k l m n o p
r s t u ph ch ō
th c c sh sch gsc gsh
h ia io iu ie ieſt

68 *Illyrien, de S. Jerôme*

a b v g d e x s

z i i y k l m n

o p r s t u f h

ō ch cz ci sc ye ya yu

69 *Esclavon.*

a b c d f g h i

l m n o p q r s

t u x z z he pi si

70 *Bulgare.*

a b v g d e x

z dz i i k l m n

o p r s t y f ps

sc sch e ia ious p y ot

71 *Géorgien, majuscules.*

a	b	g	d	e	v	sz	h	th
Ⴀ	Ⴁ	Ⴂ	Ⴃ	Ⴄ	Ⴅ	Ⴆ	Ⴡ	Ⴇ

i	ch	l	m	n	i	o	p	sg
Ⴈ	Ⴉ	Ⴊ	Ⴋ	Ⴌ	Ⴢ	Ⴍ	Ⴎ	Ⴏ

r	s	t	u	p	k	gh	cq	sc
Ⴐ	Ⴑ	Ⴒ	Ⴓ	Ⴔ	Ⴕ	Ⴖ	Ⴗ	Ⴘ

c	zz	z	tz	cc	ch	hh	g	hha	hho
Ⴙ	Ⴚ	Ⴛ	Ⴜ	Ⴝ	Ⴞ	Ⴤ	Ⴟ	Ⴠ	Ⴥ

72 *Géorgien, minuscules.*

a b g d e v sz h th

i ch l m n i o p sg

r s t u p k gh cq sc

c zz z tz cc ch hh g hha hho

73 *Géorgien, cursive.*

a	b	g	d	e	v	sz	h	th
ა	ბ	გ	დ	ე	ვ	ზ	ჱ	თ

i	ch	l	m	n	i	o	p	sg
ი	კ	ლ	მ	ნ	ჲ	ო	პ	ჟ

r	s	t	u	p	k	gh	cq	sc
რ	ს	ტ	უ	ფ	ქ	ღ	ყ	შ

c	zz	z	tz	cc	ch	hh	g	hha	hho
ჩ	ც	ძ	წ	ჭ	ხ	ჴ	ჯ	ჰ	ჵ

74 *Arménien, lapidaire.*

a	b	g	d	ie	z	e	ē
Ա	Բ	Գ	Դ	Ե	Զ	Է	Ը
th	j	i	l	ch	dz	k	h
Թ	Ժ	Ի	Լ	Խ	Ծ	Կ	Հ
dz	gh	tc	m	ï	n	sch	o
Ձ	Ղ	Ճ	Մ	Յ	Ն	Շ	Ո
tch	p	dch	rr	s	w	t	
Չ	Պ	Ջ	Ռ	Ս	Վ	Տ	
r	ts	y	ph	kh	f	ō	
Ր	Ց	Ւ	Փ	Ք	Ֆ	Օ	

75 *Arménien, imprimé.*

a	p	ch	t	ié	ss	e	ie	th
Ա	Բ	Գ	Դ	Ե	Զ	Է	Ը	Թ
sg	i	l	hh	z	gh	h	zz	k
Ժ	Ի	Լ	Խ	Ծ	Կ	Հ	Ձ	Ղ
g	m	ï	n	sc	v	cc	b	gg	rr
Ճ	Մ	Յ	Ն	Շ	Ո	Չ	Պ	Ջ	Ռ
s	v	d	r	zo	u	pp	ch	eu	f
Ս	Վ	Տ	Ր	Ց	Ւ	Փ	Ք	Օ	Ֆ

76 *Arménien, cursive.*

a	b	g	d
Ա ա	Բ բ	Գ գ	Դ դ
ié	z	e	ē
Ե ե	Զ զ	Է է	Ը ը

ſuite.

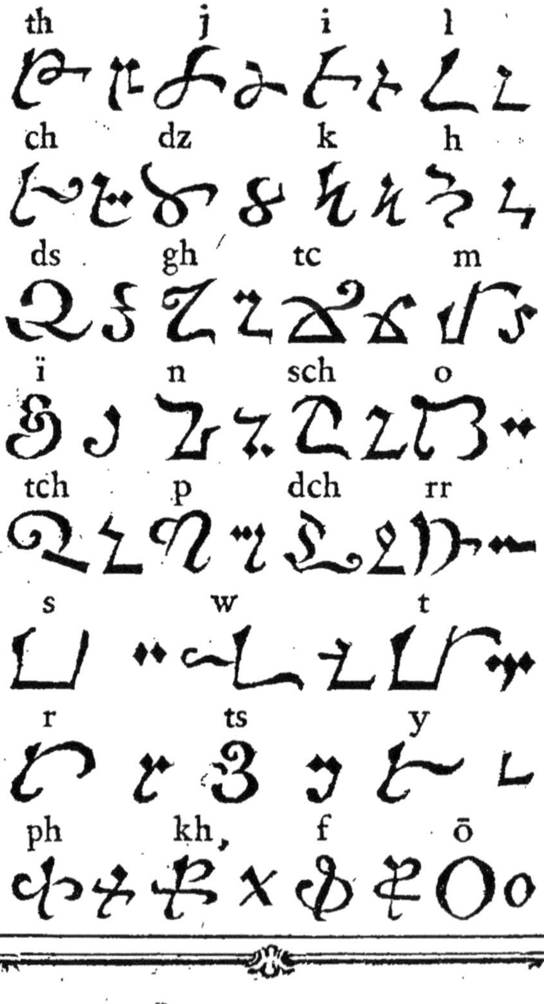

th	j	i	l
ch	dz	k	h
ds	gh	tc	m
ï	n	sch	o
tch	p	dch	rr
s	w	t	
r	ts	y	
ph	kh,	f	ō

77 *Jacobite.*

a b g d e tz z h

th i k l m n x ŏ

p r s t y ph ch ps

ō sch w ch t gu s di

78 *Syriaque.*

g b a

z v h d

t hh

l k y

s n m

ph aa

q ts

t sc r

79 *Stranghelo.*

hh z v h d g b a

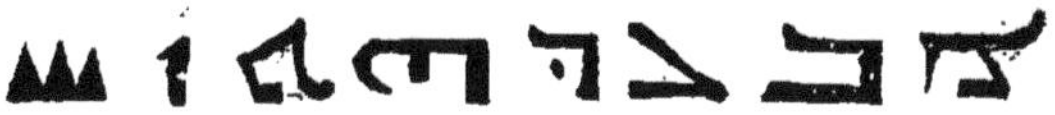

s n m l k y t

t sc r q ts ph aa

80 *Syro-hébraïque.*

hh z v h d g b a

s n n m l k i t

th sc r q st ph o

81 *Palmyrénien.*

hh z o h h d g b a

n n m l c c i i t

th sc r k tz ph a s

82 *Phénicien.*

c t hh z v h d g b a

th sc r k tz a s n m l

83 *Éthiopien.*

a	a	b	g	d	h	v
አ	ኧ	በ	ገ	ደ	ሀ	ወ
z	ch	ch	th	i	k	l
ዘ	ሐ	ኀ	ጠ	የ	ከ	ለ
m	n	sh	a	f	p	
መ	ነ	ሰ	ዐ	ፈ	ጰ	
ts	tz	q	r	ps	s	t
ጸ	ፀ	ቀ	ረ	ፐ	ሠ	ተ
sc	tj	gn	ch	j	dj	ts
{ ሸ	ቸ	ኘ	ኸ	ዠ	ጀ	ጨ

84 *Éthiopien.*

z v h d g b a

n m l k i t hh

th sc r q ts ph aa s

85 *Babilonien.*

hh z v h d g b a

s n m l l k i t

th sc r q ts ph o

86 *Arabe.*

b a

ب ـب ـبـ بـ ـب ـا ا

th t

ث ت ـت ـتـ ـتـ تـ تـ

g

ج ث ـث ـثـ ثـ

hh

ح ح ـحـ ـجـ ـج جـ جـ

dh d ch

ذ د ـد خ ـخ ـخـ خـ

s z r

سـ ـز ز ـر ر ـذ ذ

ſuite de l'Arabe

sc

ـشـ ـش شـ ـشـ ـش ش

ss

شـ ش صـ ـصـ ـص ص

tt td

ص ضـ ـضـ ـض ض ط ط

gn ttd

ظ ظ ظ ع ع ع ع غ

f

غ غ ف ف ف ف ق

k c

ق ق ق ك ك ك ك

ſuite de l'Arabe.

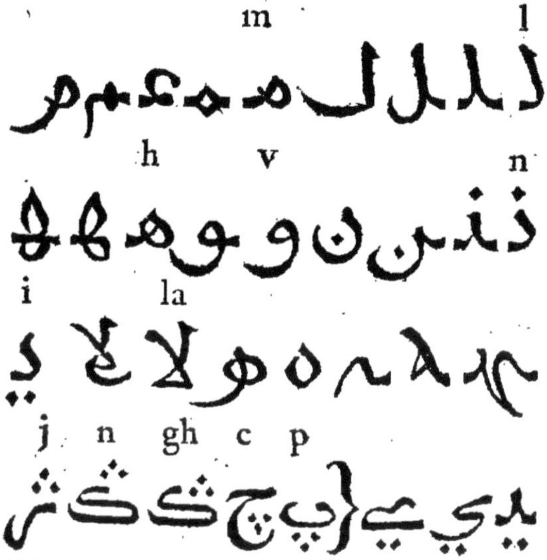

m l

h v n

i la

j n gh c p

87 *Samaritain.*

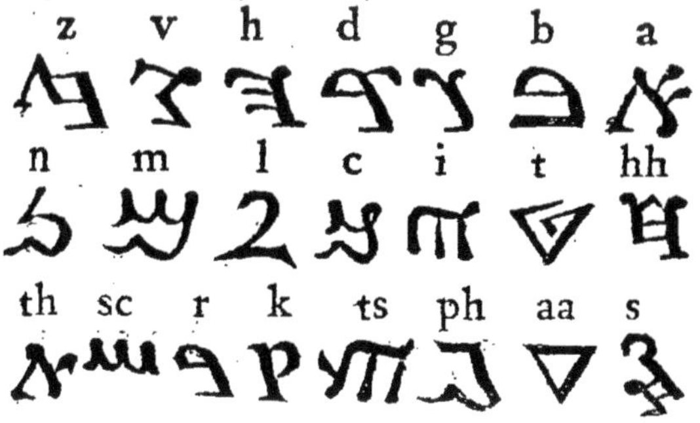

z v h d g b a

n m l c i t hh

th sc r k ts ph aa s

88 *Cuphique.*

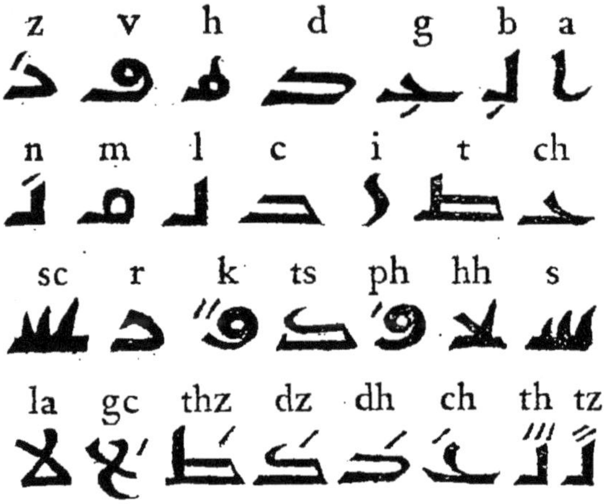

z v h d g b a

n m l c i t ch

sc r k ts ph hh s

la gc thz dz dh ch th tz

89 *Iduméen.*

hh z v h d g b a

s n m l c i t

th sc r q ts p o

90 *Mauritanique.*

ch z v h d g b a

s n m l c i t

tz sc r k ts ph hh

la gc thz dz dh ch th

91 *Cananéen.*

hh z v h d g b a

s n m l l c i t

th sc r q ts ph o

92 *Afriquain.*

z v h d g b a

n m l c i t ch

sc r k ts ph hh s

gc thz dz dh ch th tz

93 *Judaïque.*

hh z v h d g b a

s n m l c i th

th sc r q ts ph o

94 *Hébreu.*

i t hh z v h h d g b a a

אאבגדההוזחטי

aa s n n m m m l l c c

כךללמםםנןסע

th th sc r q ts ts ph ph

פףצץקרשתת :·

95 *Rabinique.*

i t hh z v h h d g b a a

אאבגדההוזחטי

ph ph aa s n n m m m l l c c

כךללמםםנןסעפף

th th sc r q ts ts ts

צץץקרשתת ׃ ״

96 *Hébreu ancien.*

z v h d g b a

א ב ג ד ה ו ז

m l c c i t hh

ח ט י כ ך ל מ

ph ph aa s n n m

ם נ ן ס ע פ ף

th sc r q ts ts

ץ צ ק ר ש ת

97 *d'Abraham.*

hh z v h d g b a

s n m l k i t

th sc r q ts ph o

98 *de Moïse.*

hh ż v h d g ƀ a

s n m l k i t

th sc r q ts ph aa

99 *de Salomon.*

hh z v h d g b a

s n m l k i t

th sc r q ts ph o

100 *Caldaïque.*

g b a

v h d

t hh z

l k i

n m

q ts ph aa s

th sc r

101 *Phénicien.*

g a a

v e d

th ḣ z

l k i

s n m

p o

r q ts

t sc

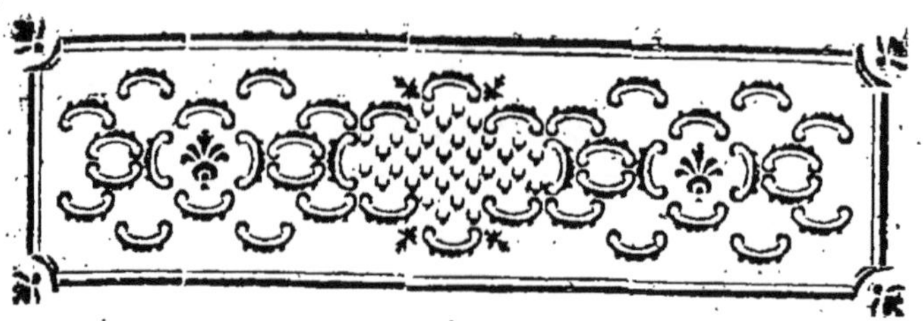

EXPLICATION
DES ALPHABETS.

INTRODUCTION.

LES ſignes repréſentatifs des idées ſont preſque auſſi anciens que le monde : les hommes ont eu beſoin en tout temps de quelques marques ſenſibles, propres à ſoulager leur mémoire & à rappeller le ſouvenir de certains faits qu'ils vouloient tranſmettre à leurs deſcendants, & que ces figures repréſentoient.

Tant que les premiers hommes vécurent en ſociété, ſans ſe deſunir, un petit nombre de figures ſymboliques leur ſuffit pour ſe rappeller l'idée de quelques événements remarquables ; la tradition fit le reſte. Il en fut de même après la régénération des hommes par Noé ; ils ſe contentèrent pendant un certain temps de quelques ſignes groſſiers, & le dernier ſymbole de cette ſeconde famille fut la fameuse tour de Babel. Mais cette famille, dispersée par peuplades en différents endroits, changeant de mœurs, d'usages, d'idiomes, perfectionnant les arts & jouissant de nouvelles productions de la nature, eut besoin de signes plus simples pour communiquer au loin ses idées avec ses marchandises.

Les symboles restèrent encore, soit pour le faste, comme les Pyramides, les Obélisques, &c. soit pour des faits particuliers. Du temps des Patriarches, un tas de pierres, une fontaine, une montagne, étoient les archives publiques, qui représentoient par tradition les idées qu'on y avoit attachées. C'est ainsi que la fontaine de Bersabé, ou du serment, étoit le signe de l'alliance jurée entre Abraham & Abimelec. La pierre qui servit de chevet à Jacob dans les champs de Luza, devint un monument qui rappelloit à ses enfants sa reconnoissance envers le Seigneur, qui lui étoit apparu dans ce lieu : un monceau de pierres faisoit souvenir les enfants de Laban & de Jacob qu'ils étoient frères.

Les hymnes & les cantiques conservoient les époques, les progrès, les cérémonies de la Religion ; mais tout cela étoit inutile pour le commerce, il falloit se communiquer les idées : la nécessité en fit trouver les moyens. Diverses nations convinrent entr'elles de quelques ſignes particuliers pour s'entendre : des cordelettes teintes en différentes couleurs, diſpoſées, nouées & entrelacées de pluſieurs manières, tenoient lieu de livres aux Péruviens ; cet aſſemblage ſe nommoit *Quipos*. Les Chinois employoient des monogrammes, qu'ils ont conſervés juſqu'à préſent. Les Mexicains & les Sauvages du Canada repréſentoient leurs idées par des images à peu près ſemblables à ce que nous appellons *Rébus*, ſorte d'écriture énigmatique, &c.

L'invention des Lettres ſuppléa à l'imperfection de tous les autres ſignes, & devint l'ame du commerce, des arts & des ſciences ; mais de quel temps eſt cette invention ? quel en eſt l'auteur ? Cette époque eſt ſi éloignée de nous, qu'il eſt difficile de dire quelque choſe de certain à cet égard.

On met l'origine des Lettres deux cents ans ou environ après le Déluge. Les enfants de Noé, retirés par familles dans différentes contrées, cultivèrent les arts & le commerce ; ils établirent des colonies, & ſe communiquoient leurs richeſſes. Les Aſſyriens, peuples deſcendants d'Aſſur fils de Sem, leſquels habitoient de vaſtes plaines & jouiſſoient d'un ciel ſerein, cultivèrent la connoiſſance des aſtres & inventèrent les premiers caractères aſtronomiques & l'Aſtrologie. Les Phéniciens *, habitant les bords de la mer, portèrent leur commerce dans les trois parties du monde connues pour lors. La néceſſité de ſe rappeller l'idée de leurs marchandiſes & des échanges, les noms des pays qu'ils parcouroient & ceux des perſonnes avec leſquelles ils avoient affaire, leur fit inventer des ſignes pour repréſenter les mots. Le premier qui ſimplifia la manière de tranſmettre ſes idées par le ſecours des Lettres, fut ſans doute un de ces premiers Négociants : quelques ſignes particuliers, auxquels il aura attaché un ſon de la voix, lui auront ſervi à ſe repréſenter l'idée des mots. Ces figures étoient le nom propre des choſes les plus néceſſaires à la vie, comme on le voit par l'Alphabet Hébreu. *Aleph* ſignifie bœuf en Phénicien, *Beth*, maiſon, &c.

Voilà l'origine du premier Alphabet, réduit d'abord à quelques figures ſimples qui ſe ſont étendues par communication & perfectionnées ſucceſſivement. Lorſqu'un enfant commence à bégayer quelques mots, on le devine pluſtôt qu'on ne l'entend : l'âge ouvre la voix, fortifie les ſons, & rend enfin l'articulation libre & la prononciation plus aiſée. Telle a été la marche de l'écriture : les premières notions étant une fois rendues ſenſibles,

* Le nom de Phénicien convient aux Samaritains, aux Tyriens, aux Sidoniens, aux Cananéens & aux Juifs.

on y a fait des additions, & alors la perfection a plus dépendu du concours des hommes que d'un seul. Celui qui réunissoit plus d'autorité, d'intelligence ou d'adresse, a d'abord donné une forme fixe aux signes représentatifs de la voix, dont le nombre de seize a suffi pendant long-temps pour former les mots & se faire entendre dans la société.

Cette science une fois connue, a dû causer une admiration générale ; les Phéniciens l'ont portée avec leurs marchandises dans les divers pays où ils trafiquoient, d'abord de proche en proche, ensuite au loin. Les colonies, comme celle de Cadmus en Grèce, celle des Pélasges & des Arcadiens en Italie & autres, ont aussi servi à étendre la connoissance des Lettres.

Tous les gens raisonnables ont dû s'empresser de faire usage d'une découverte qui leur étoit si utile. Ils ont imité ces figures comme des personnes qui n'ont jamais écrit, c'est-à-dire, plus ou moins mal : les plus habiles leur ont donné des formes plus gracieuses. Les étrangers les ont portées dans leur pays ; la forme des Lettres a reçu de nouvelles variations, suivant le plus ou le moins d'adresse de ces nouveaux écrivains. Ceux-ci y ont ajouté des figures qu'ils ont cru utiles à leurs idiomes ou aux progrès de l'art ; ils ont changé ou corrigé quelques-unes des anciennes : voilà ce qui a occaſionné les variantes qui diſtinguent l'écriture de diverſes nations. Ces différentes écritures ont cependant conſervé un air de famille, qui fait connoître qu'elles ſortent d'une même ſource.

Le nombre de douze, enſuite de ſeize figures, qui avoit d'abord ſuffi, a été porté par la ſuite à vingt-quatre, nombre avec lequel on a exprimé toutes les idées juſqu'à préſent.

Enfin la valeur des Lettres étant tout à fait décidée, pluſieurs nations, ou même des particuliers, ont eu droit de ſe compoſer la figure d'un alphabet.

La manière d'écrire, ainſi que la matière propre à recevoir l'écriture, n'ont pas été uniformes ; elles ont eu, comme les Lettres, des nuances marquées par les progrès que le temps, le climat & l'expérience ont procurés.

Tout ce que la nature offrit de propre à recevoir la figure des Lettres, fut employé : des feuilles & des écorces d'arbres, les inteſtins des ſerpens & autres animaux, les peaux de quadrupèdes, furent les premiers dépoſitaires de l'écriture. Des tablettes de bois, d'ivoire, des lames de plomb, d'airain, d'or, d'argent, leur ſuccédèrent. Le marbre, la pierre, le verre, ont reçu des inscriptions publiques : la brique même a été employée à cet objet, en supposant toutefois que l'argille avoit reçu l'empreinte des Lettres avant que d'être cuite. Le linge, la soie, enfin le parchemin & le papier sont devenus les principales matières propres à l'écriture.

Les instruments qu'on employa pour former les Lettres furent le ciseau, le burin & la pointe, pour le bois, la pierre & les métaux ; le stylet de fer ou d'argent, pour les tablettes enduites de cire ; la canne, le roseau, les plumes de cygnes, d'oies, de paons, de grues, les pinceaux, servirent à former les Lettres avec des liqueurs.

Ces liqueurs étoient de différentes couleurs : la noire, composée d'abord de charbon pilé & de suie, ensuite du noir de la fumée de la résine, de la poix des torches & de l'ivoire brûlée, &c. le tout dissous dans l'infusion de noix de galle, puis dans celle de vitriol, de noix de galle & de gomme : le rouge, tiré du vermillon, du cinabre, du carmin ; & la couleur pourpre, qui étoit tirée du sang d'un animal aquatique, nommé Buret, & de l'animal même cuit au feu avec son écaille & réduit en poudre. Cette couleur fut interdite sous peine de mort dans l'Orient, pendant plusieurs siècles ; elle étoit réservée pour la signature des Empereurs, comme une marque de leur dignité. Les couleurs bleue, verte & jaune, l'or réduit en poudre ou en feuilles, ainsi que l'argent, servirent aussi à former, orner ou enrichir des manuscrits.

Il y a eu plusieurs manières de tracer les lignes en écrivant; elles ont été formées de droite à gauche par les Hébreux, les Chaldéens, les Samaritains, les Syriens, les Turcs, les Persans, les Arabes, les Tartares, &c. de gauche à droite par les Grecs, les Romains, les Arméniens, les Ethiopiens, les Géorgiens, les Serviens, les Esclavons, & les autres peuples du côté de l'Europe; de haut en bas par les Chinois & les Japonois, de bas en haut par les peuples du Méxique; enfin de droite à gauche pour la première ligne, revenant de gauche à droite à la seconde, & ainsi alternativement jusqu'à la fin de la page. Cette manière d'écrire étoit en usage chez les Grecs, on la nommoit *Boustrophedon*, mot qui indique l'action par laquelle un bœuf laboure un champ en allant & en revenant. On a écrit aussi du milieu à la circonférence en tournant.

Le Livre le plus ancien qui nous soit parvenu, est celui de Job, qui vivoit dans la terre de Hus en Arabie avant le temps de Moïse. On voit par les versets 23 & 24 du chapitre 19 de ce

Livre, que l'écriture étoit déjà fort ancienne dans ce pays, lorsqu'il disoit : *Qui m'accordera que mes paroles soient écrites ? qui me donnera qu'elles soient tracées dans un Livre, qu'elles soient gravées sur une lame de plomb avec une plume de fer, ou sur la pierre avec le ciseau ?*

L'écriture, qui a une origine si ancienne, a reçu des formes différentes suivant le goût ou le génie des nations qui l'ont reçue. Les variétés que l'habileté ou l'ignorance des écrivains ont introduites dans la figure des Lettres, sont infinies. Quelqu'un assez savant pour les rassembler toutes, feroit un ouvrage aussi immense qu'inutile ; qu'on en juge par cet exemple. Si l'on donnoit toutes les nuances de notre écriture Françoise, depuis celle des Huissiers jusqu'à celle des maîtres Écrivains, on y trouveroit une multitude de figures différentes, qui ne ressemblent à rien de connu, & qu'on ne devine que par l'assemblage des mots.

Dans le Recueil que je donne d'une partie des Alphabets modernes & anciens, (car je n'ai pas cherché à épuiser la matière) j'ai souvent été embarrassé par ces variétés. Parmi les divers auteurs qui ont écrit sur la forme des Lettres, les uns les ont prises sur des monuments plus ou moins anciens, d'autres sur des copies mal faites, d'autres enfin ont repréſenté certaines Lettres anciennes qui ont la figure de quelques-unes de nos majuſcules, comme des A, B, I, O, N, &c. avec toute la grace que nous pouvons leur donner à préſent; ce qui jette de l'incertitude ſur la forme de ces Lettres.

Pour éviter ces défauts, j'ai conſulté tous les livres que j'ai pu me procurer ſur cette matière; & dans la figure des Lettres d'un même Alphabet, j'ai choiſi celle qui avoit plus d'analogie avec le contour ou la forme générale dudit Alphabet.

Comme ce Recueil d'Alphabets eſt pluſtôt un ouvrage de curioſité qu'un ouvrage ſavant, je me ſuis contenté de donner les Lettres qui peuvent prendre l'ordre alphabétique, en ſupprimant toutes celles qui tiennent des monogrammes, leſquelles demandent des explications; ce qui n'entroit point dans mon plan.

J'ai ajouté à quelques-uns des Alphabets les variantes que j'ai cru néceſſaires, ſur-tout à ceux des anciens qui ont paſſé en uſage dans l'Imprimerie. La première de ces variantes eſt indiquée par ſa valeur miſe au deſſus.

C'eſt des premières Lettres Grèques, *Alpha*, *Beta*, qu'eſt dérivé le mot Alphabet.

LETTRES LATINES, GRECQUES, &c.

Connues pour telles, soit par leurs figures, ou par l'ordre Alphabétique.

1. ROMAIN. L'Imprimerie est redevable de ce Caractère, qui est devenu celui de l'Europe, à un François, nommé Nicolas Jenson ; il étoit Graveur de Caractères pour les monnoies à Tours : ayant été envoyé à Mayence, par ordre de Louis XI, pour tâcher d'apprendre sous Schoiffert le nouvel art par lequel on faisoit des Livres, il s'acquitta de cette commission en homme instruit, puis il se retira à Venise, où il établit une Typographie. Il forma un Caractère composé des capitales Latines qui servirent de majuscules ; les minuscules furent prises d'autres lettres Latines, ainsi que des Espagnoles, Lombardes, Saxones, Françoises ou Carolines, qui se ressembloient beaucoup. Il apprécia la figure de ces minuscules, en leur donnant une forme simple & gracieuse. Ce Caractère fut appellé *Romain*, à cause des capitales Romaines qui servoient de majuscules. Un Livre intitulé *Decor Puellarum*, qui porte pour date 1461, en fut le premier

fruit. Quelques Savants, qui ne connoissoient Jenson que comme Imprimeur, ont nié cette date de 1461, disant que les éditions de cet Imprimeur ne paroissant commencer qu'en 1470, il n'a pu rester huit ou neuf années sans action : mais ils ignoroient que Jenson étoit le premier graveur de Caractères après Schoiffert ; par conséquent, ayant gravé & fondu le premier Caractère Romain suivant son goût, il a dû nécessairement imprimer le premier Livre à Venise où il s'est retiré vers 1460. Il n'y avoit personne pour lors à qui il pût confier cette opération. Mais ayant trouvé plus de bénéfice à fournir des Caractères pour l'établissement des Imprimeries de Venise, de Rome, de France & autres, il a cessé pour un temps d'imprimer, & n'a recommencé qu'en 1470.

Romain du Roi. En 1693, Louis XIV voulant établir une Imprimerie au Louvre, pour son service, chargea différentes personnes de veiller à cet établissement. M. Jaugeon, de l'Académie des Sciences, donna le dessein des lettres, dans quelques-unes desquelles il y a des traits qui caractérisent les Impressions du Louvre. Ces traits particuliers, aperçus par les Artistes, sont communément ignorés des gens de Lettres. Je pense qu'ils me sauront gré de leur faire connoître ces marques, par lesquelles ils distingueront eux-mêmes les Impreſſions qui ſe font à l'Imprimerie Royale. Elles conſiſtent en de petits traits horizontaux, qui bordent par en haut ou par en bas certaines lettres minuſcules. Je les repréſente ici avec les mêmes lettres d'uſage ordinaire, afin que l'on en ſente mieux la différence.

b d h i k l m n p q r ſi
b d h i k l m n p q r ſi

On voit que les traits fins qui terminent les ſix premières lettres, paſſent horizontalement de l'un & de l'autre côté de la tige ; les cinq autres commencent par un demi-trait auſſi horizontal ; au lieu que les mêmes lettres d'uſage en Europe, qui ſont marquées deſſous, commencent par un petit trait incliné qui n'occupe que la partie gauche.

2. ITALIQUE MODERNE. La forme des caractères Italiques avoit été un peu négligée par nos anciens Graveurs, & ils avoient conſervé un goût ancien & ſuranné. En 1737, j'entrepris de leur donner une forme plus gracieuſe, en ménageant des pleins & déliés qui approchaſſent plus de notre belle écriture. Ce goût a été adopté de façon qu'on ne ſe ſert preſque plus des anciens en France.

3. ITALIQUE ANCIENNE. Ce Caractère tire

son origine de l'écriture de la Chancellerie Romaine, désignée par les mots *Cursivetos seu Cancellarios*; de là vient qu'il a été appellé *Cursive*: c'est encore sous ce nom qu'il est connu en divers pays. Il a été connu aussi sous le nom de *Lettres Vénitiennes*, parce que les premiers poinçons ont été faits à Venise; ou sous celui de *Lettres Aldines*, parce que Alde Manuce s'en est servi le premier. Enfin le nom d'*Italique*, qui lui a été donné parce qu'il nous vient d'Italie, a prévalu.

4. BATARDE COULÉE. J'ai gravé ce Caractère en 1741, dans le dessein d'imiter l'écriture courante & d'usage. Il a eu beaucoup de succès pour certains ouvrages de l'Imprimerie auxquels il est propre.

5. RONDE. Cette écriture étoit en usage dans le dernier siècle; elle fut employée pour le service de l'Imprimerie par Pierre Moreau, maître Ecrivain à Paris vers 1640.

6. BATARDE BRISÉE. Autre écriture du dernier siècle, employée également dans l'Imprimerie par Pierre Moreau. Il joignit à ces deux Caractères une troisième sorte d'écriture dite Bâtarde, qui imitoit l'écriture ordinaire; il en fit ou fit faire les poinçons & matrices, il en présenta & dédia les épreuves à Louis XIII, qui ap-

prouvant ſon travail, lui donna pour récompenſe le titre d'Imprimeur ordinaire du Roi.

7. BATARDE ANCIENNE. Cette ſorte d'écriture étoit d'uſage en France dans le 14ᵉ & le 15ᵉ ſiècle. Elle eſt nommée Bâtarde, parce qu'elle dérive des lettres de Formes, Caractère plus figuré & dont on a retranché les angles & quelques traits. On quitta pendant quelque temps en France le Caractère Romain pour ſe ſervir de celui-ci dans l'impreſſion des livres, à l'imitation des Allemands qui imprimoient leurs livres avec le caractère qui imitoit leur écriture. Un Allemand, nommé Heilman, demeurant à Paris, rue S. Jean de Latran, en fit les premiers poinçons vers 1490.

8. CURSIVE FRANÇOISE. Autre écriture d'uſage courant en France dans le 16ᵉ ſiècle. Nicolas Granjon, Graveur François, en fit les premiers poinçons à Lyon en 1556. Le Roi lui accorda pour récompenſe le privilège de s'en ſervir ſeul pendant dix ans. Ce Caractère a été connu par la ſuite ſous le nom de *Civilité*, à cauſe d'un livre qui a été imprimé avec ces lettres, ſous le titre de *Civilité puérile & honnête*, qu'on a réimprimé depuis avec la même ſorte de lettres, pour donner des préceptes aux enfants & leur apprendre à lire l'écriture.

9. Lettres de Somme, ou écriture Allemande au 15e ſiècle. C'eſt le premier Caractère qui ait été employé dans l'Imprimerie par Guttemberg, Fauſt & Schoiffert, à Mayence ; il dérive des lettres de Formes. On a imprimé beaucoup de livres Scholaſtiques en France avec ce Caractère, entr'autres la Somme de S. Thomas, ce qui lui a fait donner le nom de Caractère ou *Lettres de Somme.* Les Imprimeurs les ont appellées *Lettres Bourgeoiſes.*

10. Lettres de Forme, ainſi nommées par les anciens Imprimeurs, à cauſe des traits angulaires qui rendent la forme de ces lettres plus compoſée. Ce Caractère, connu vulgairement ſous le nom de *Gothique*, n'étoit point une écriture courante ; il étoit deſtiné, en Allemagne, en France, en Angleterre, en Flandre, &c. pour les inſcriptions publiques, les livres de Chœur & autres livres d'Egliſe, & pour les écritures qui demandoient plus d'apparat. Il eſt devenu propre aux Allemands, qui ont changé quelque choſe dans la figure des capitales ; aux Flamands, qui l'ont moins altéré, & aux Anglois, qui l'ont conſervé juſqu'à préſent : ceux-ci s'en ſervent encore dans les titres de certaines pièces d'Ecritures & d'Impreſſions ; il eſt connu chez eux ſous le nom de *Black.* C'eſt de cette ſorte de lettres

qu'on a imprimé dès l'origine de l'Imprimerie quelques légers ouvrages, comme le *Speculum humanæ Salvationis*, & autres, qui ne portent ni date ni nom d'Artiste, & le Pseautier donné par Schoiffert en 1457 & 1459.

11. LETTRES TOURNEURES, ainsi nommées à cause de leurs figures rondes & tournantes. Elles ont servi aux anciennes Inscriptions, ainsi qu'à orner le commencement des chapitres dans les premières impressions.

12. ALLEMAND, dit *Fractur*, en Allemand *Hoogduits* : il tire son origine des lettres de Forme dont on a ôté les angles, c'est pour cela qu'il est nommé *Fractur*.

13. CURSIVE ALLEMANDE, dite *Courante*, ou *Tertia-current*. C'est l'écriture d'usage en Allemagne : ce Caractère a servi pour l'Imprimerie vers 1695 dans la ville de Nuremberg ; il a été employé depuis dans différentes villes d'Allemagne.

14. SCHWABACHER. Il tire son origine de la ville de Schwabach en Franconie, où il fut inventé en 1500. Ce Caractère a été d'un grand usage en Allemagne, où il ne sert plus guère que pour tenir lieu d'Italique lorsqu'on l'emploie avec le caractère Allemand, ou pour marquer un autre texte que ceux qui sont représentés par

les caractères Allemands, Romains & Italiques employés dans un même ouvrage.

15. MAJUSCULES ALLEMANDES. Lettres fleuries ou ornées, dites *Musirte Versalien*, que les Allemands ont variées par différents desseins.

16. FLAMAND, en Allemand *Duits*. C'est le caractère dit *Lettres de Forme*, que les Flamands ont conservé avec quelques légers changements.

17. IRLANDOIS & *Hibernois*. Ce caractère est encore d'usage en Irlande.

18. LATIN ANCIEN. Ces lettres étoient nommées *Ioniques* & *Attiques*, parce qu'elles tirent leur origine des lettres grecques : elles étoient en usage chez les Romains six à sept cents ans avant J. C. Plusieurs nations les ont adoptées, avec des changements & des corrections, & elles sont devenues le principe des alphabets de l'Europe.

19. FRANÇOIS ANCIEN, d'usage dans le cinquième siècle, sous la première race de nos Rois.

20. CURSIVE ROMAINE, écriture d'usage à la Chancellerie Romaine dans le 15e siècle : elle étoit désignée par ces mots, *Cursivetos seu Cancellarios*. Une autre écriture nommée *Cancellaresca Romana batarda* ressembloit à celle-ci, excepté les queues des lettres longues, comme les

p, *q*, &c. qui par en bas étoient terminees par un trait horizontal. Alde Manuce, Imprimeur à Venise, est le premier qui adopta ce Caractère pour servir dans l'Impression. Il en grava les premiers poinçons vers 1512, & obtint en 1513 de Jules II & de Léon X des privilèges pour s'en servir seul pendant quelque temps. Cette Cursive Romaine a été l'origine de notre Caractère Italique.

21. FRANCISQUE, ou *Carlovingien*, d'usage sous la seconde race de nos Rois, pour les titres & souscriptions des Patentes.

22. DE CÉSAR, sorte de Cursive Romaine. Cet alphabet est pris sur une feuille de papier d'Égypte, d'un pied de large sur cinq de long, qui portoit pour titre sur le revers, *Le Testament de Cneius Julius Cesar, qui fut lu par son beau Père Pison dans sa maison, les Ides de Septembre.* Cette écriture est du sixième siècle.

23. BULLANTIQUE, ou *Impériale.* Lettres majuscules dont on s'est servi dans l'expédition des Bulles apostoliques.

24. CADAUX, ou lettres majuscules de notre ancienne écriture Françoise.

25. ANGLOIS, dit *Court Hand* ou *Main de Cour* : on s'en est servi en Angleterre dans les archives & dans des procédures. Un autre ca-

ractère Anglois, presque semblable à celui-ci, se nomme *Common Chancery* ou *Secretary Hand*; il étoit employé dans des Requêtes.

26. SAXON, ou *Anglo-Saxon*, d'usage chez les Anglois dans le cinquième siècle, lorsqu'ils habitoient le pays d'Anglen, proche l'ancienne Saxe.

27. LOMBARD. Caractère Latin dont les Lombards se sont servis.

28. FRANCO-GALLE, ou *Mérovingien*, d'usage sous la première race de nos Rois pour les actes publiques. On l'a nommé Franco-galle, parce que les François firent un mélange de leurs lettres avec celles des Gaulois qu'ils avoient vaincus.

29. RUNIQUES. Plusieurs peuples du Nord se servoient de ces lettres, dites *Runes*, mot dont on ne sait pas trop l'étymologie. Entre plusieurs explications, on donne celle-ci : *Runes* est un mot qui signifie en langue du Nord *rayé* ou *rayon*; comme on incisoit ces lettres en forme de raie, on les a appellées *Runiques*. Elles ont été connues aussi sous les noms de *Danoises*, *Scythes*, *Gothiques* & *Islandoises*, &c. La figure des lettres Runiques a été multipliée par les différents peuples qui s'en sont servis, de façon qu'on a de la peine à les fixer dans l'ordre alphabétique, & quelquefois une même figure a différentes valeurs.

30, 31, 32. ÉTRUSQUE, ÉTRURIEN, TOSCAN.

Les Toſcans, connus ſous ces diverſes dénominations, ſont les plus anciens peuples de l'Italie. Ils reçurent leurs lettres immédiatement des Phéniciens, par le commerce des Tyriens ou des Sidoniens qui voyageoient juſqu'en Italie par la Méditerrannée, ou par les colonies des Pélaſges & des Arcadiens, peuples errants de la Grèce qui ſe retirèrent en Italie. Le premier alphabet eſt *Pélaſge* & *Arcadien*; les Lettres en ſont figurées à la manière grecque, dite *Bouſtrophedon*, c'eſt-à-dire, de droite à gauche. Indépendamment de cet alphabet latin & d'uſage ordinaire, les Toſcans en avoient deux autres qu'ils ont compoſés pour cacher les ſecrets qui étoient reſervés aux Prêtres. Le premier ſe lit de gauche à droite, & l'autre de droite à gauche.

33. NORMAND, d'uſage chez les anciens Normands.

34. GOTHIQUE, ou *Gette*, ainſi appellé du nom de certains Peuples qui vinrent s'établir dans la Gothie plus de quatre cents avant J. C. Cet alphabet tient du Runique.

35. MŒSO-GOTHIQUE. Cet alphabet eſt attribué à Ulphilas, Goth de nation & Évêque des Goths dans la Mœſie. Il s'en eſt ſervi, vers la fin du quatrième ſiècle, pour la traduction de la Bible en langue des Goths.

36, 37, 38. De Charlemagne. Ce Monarque, le reſtaurateur des Lettres en Italie, en France & en Allemagne, fit pluſieurs Ordonnances pour enjoindre aux Écrivains de bien former les lettres latines, abatardies depuis long temps ſous la forme du Lombard, du Saxon, du Franco-galle, &c. Ces lettres prirent une forme plus agréable ; elles furent nommées *Carolines*, *Gallicanes* & *Françoiſes*. On attribue à Charlemagne ces trois alphabets qui portent ſon nom ; ils ont été compoſés vers le commencement du huitième ſiècle.

39. Impérial. Quatrième alphabet attribué encore à Charlemagne. Ces quatre alphabets ont été compoſés pour des uſages particuliers.

40. Teutonique. Lettres majuſcules tirées d'un ancien manuſcrit de la cathédrale de Wirtzbourg.

41. Des Huns. Alphabet d'uſage parmi les anciens Huns. Leurs deſcendants portent aujourd'hui le nom de Sicules, & habitent une partie de la Tranſilvanie.

42. Des Francs, avant la conquête des Gaules.

43. Des Tables d'Eugubio. Alphabet tiré de ſept Tables d'airain trouvées à Eugubio, ville d'Italie. On croit que ces Tables étoient l'ouvrage des Pélaſges.

44. De la Philosophie secrète. Alphabet apocryphe, dont on suppose que d'anciens Philosophes se sont servis.

45. Sarrazin.

46. Hanscret, ou *Brachman*. Cet alphabet sert pour la langue savante des Brahmes, espèce de religieux Indiens qui ont le dépôt de la Loi, dont ils n'enseignent les secrets qu'à leur famille.

47, 48. Ionique, ou *Phénicien*. Le second est nommé *Phénicien Ionique* ou *Sarrazin*; on ne sait rien de certain sur l'origine de ces alphabets.

49, 50. Égyptiens. Le premier disposé de gauche à droite, l'autre de droite à gauche.

51. Isiac-Égyptien. Alphabet attribué à Isis, reine d'Égypte.

52. Lettres Sacrées. Alphabet Égyptien, attribué à Mercure Thot.

53. Hiéroglyphique. Autre caractère Égyptien.

54. Grec. Alphabet d'usage actuel pour l'impression & pour l'écriture.

55. Grec ancien & de première origine, qui a servi de modèle pour former les alphabets Arcadiens, Pélasges, Latins, &c. Les lettres étoient aussi des figures numéraires; il y en a

ici deux ; l'une pour 90, l'autre pour 900.

56, 57, 58. Æolien, Attique, & Dorique. Trois ſortes d'alphabets grecs qu'on a diſtingués par ces noms, ſans que l'on pût prouver qu'ils fuſſent plus particuliers aux Æoliens, aux Athéniens & aux Doriens, qu'à d'autres peuples de la Grèce.

59. Copht. Cet alphabet a été en uſage chez les Égyptiens modernes, connus ſous le nom de *Coptes*. Il ne ſubſiſte plus que chez les chrétiens d'Égypte, qui s'en ſont ſervis pour la traduction de l'Écriture Sainte, pour les livres d'Égliſe, pour des Dictionnaires, des Grammaires, &c. La plûpart des lettres ſont figurées doubles ; la première eſt majuſcule, celle qui la ſuit eſt minuſcule.

60. Copht ancien. Caractère dont ſe ſont ſervis les habitants d'une ville d'Égypte, nommée *Coptus*, d'où les Cophtites ont tiré leur origine. Ils étoient chrétiens, & en grand nombre, du temps de Dioclétien, qui en fit mourir beaucoup & envoya le reſte en exil.

61. Tyrien ou Punique.

62. Hibérien, ou ancien *Géorgien*. L'Hibérie compoſoit anciennement une grande partie du royaume de Colchos.

63. d'Apollonius. Cet alphabet eſt attribué

à Apollonius de Tyane, célèbre imposteur, & philosophe de la secte de Pythagore, né quelques années avant J. C.

64. De Virgile. Celui-ci est attribué à Virgile, célèbre Poëte du temps d'Auguste. On prétend qu'il s'en servoit pour des livres de magie naturelle, science dans laquelle il étoit initié.

65. Russe moderne. Les Russes, en recevant la religion chrétienne des Grecs, ont pris la figure de leurs lettres, qu'ils ont un peu altérées, & dont ils ont augmenté le nombre, à cause des lettres doubles utiles à leur Langue.

66. Servien. Cet alphabet est attribué à Constantin, connu sous le nom de Saint Cyrille, Apôtre des Bulgares, des Serves, &c. Il le composa vers l'an 700.

67. Servien ancien.

68. Illyrien, *Dalmatique* ou *Esclavon*, attribué à S. Jérôme, natif de Dalmatie. Il s'est servi de ces lettres pour la traduction de l'ancien & du nouveau Testament, &c.

69. Esclavon ancien. Les Esclavons se sont servis par la suite des caractères Illyriens & Serviens.

70. Bulgare. Les Bulgares sont Esclavons, leur alphabet tient de l'Illyrien.

71, 72, 73. Géorgien. Ces trois alphabets, quoique différents de figure, ont la même valeur. Le premier repréſente les majuſcules, le ſecond les minuſcules ; tous deux ſont appellés *Sacrés*, parce que l'on s'en ſert pour tranſcrire les livres Saints ; le troiſième eſt curſive ou l'écriture courante. Le nom de Géorgien vient du Martyr S. Géorge, qu'une partie des Ibériens ont pris pour leur Patron, & qu'ils regardent comme leur premier Apôtre.

74, 75, 76. ARMÉNIEN. Ces alphabets qui ſont de figures différentes, ont néanmoins la même valeur. Le premier, qui eſt en lettres majuſcules, ſert à orner le frontiſpice des livres & pour les inſcriptions publiques, d'où il a été nommé *Lapidaire*. Le ſecond étoit principalement deſtiné pour les beaux manuſcrits ; c'eſt pour cela que l'Imprimerie l'a adopté pour l'impreſſion de cette langue. Le troiſième modèle repréſente deux alphabets de lettres curſives, d'uſage ordinaire ; la première lettre eſt majuſcule, la ſeconde minuſcule. J'ai pris la figure des lettres de l'alphabet numéroté 75, ſur des livres imprimés ; en conſéquence j'ai cru devoir y mettre la valeur marquée par Antoine Vitré, dans ſon alphabet des langues Orientales, imprimé en 1636.

Il y a des Auteurs qui croient que S. Chryſoſtôme eſt l'inventeur des lettres Arméniennes ;

ayant été banni de Conſtantinople par l'Empereur, il paſſa en Arménie, où il finit ſes jours.

77. JACOBITE. Cet Alphabet n'eſt pas celui d'une nation, mais d'une ſecte; il fut inventé par un nommé Jacob, hérétique, diſciple d'un Patriarche d'Alexandrie attaché aux erreurs de Neſtorius. Cette ſecte, qui avoit adopté cet alphabet, s'eſt répandue dans l'Aſie, l'Égypte, l'Éthiopie, la Nubie, &c.

78. SYRIAQUE MODERNE. Dans les différentes figures de chaque ſorte de lettres, la première eſt initiale, la ſeconde ſert au milieu d'un mot, la troiſième eſt finale.

79. STRANGHELO. Ancien caractère Syriaque, Chaldéen & Babylonien, en uſage plus de trois cents ans avant J. C. De ces deux alphabets, le Syriaque & le Stranghelo, ſont dérivés deux autres, le *Neſtorien*, dont ſe ſervoient les Syriens Neſtoriens, qui s'étoient retirés dans la Tartarie, & celui dont ſe ſervoient les chrétiens de S. Thomas, aux Indes. Ces deux derniers diffèrent peu des deux autres; c'eſt une imitation libre, & ſouvent littérale, c'eſt pourquoi je ne les donne pas.

80. SYRO-HÉBRAÏQUE, qui a été en uſage parmi les Juifs de Syrie.

81, 82. PALMYRÉNIEN, PHÉNICIEN. Ces

deux alphabets ont été recueillis sur des monuments très-anciens, par M. l'Abbé Barthelemi.

83. ÉTHIOPIEN, ou *Abyssin* & *Amharique*; cette dernière dénomination vient de la ville d'*Amhar*, une des principales de l'Abyssinie. Les Abyssins ont sept lettres de plus que les Éthiopiens, lesquelles sont marquées à la dernière ligne, sous un crochet.

84. ÉTHIOPIEN ANCIEN, tiré de la bibliothèque Grimanienne, apportée à Rome sous Sixte IV, lorsque les Éthiopiens Abyssins vinrent lui prêter serment d'obédience.

85. BABYLONIEN, ou *Chaldaïque*, alphabet des Juifs habitants de Babylone.

86. ARABE. Cet alphabet est commun aux Turcs & aux Persans: ces deux peuples ont cinq lettres de plus que les Arabes, lesquelles sont marquées après le crochet qui est à la dernière ligne. Chaque sorte de lettre a une initiale, une pour le milieu, & une finale, comme dans le Syriaque. Ce caractère Arabe est de l'invention du Visir Molach, vers l'an 933 de l'Ere chrétienne. Il a écrit trois fois l'Alcoran d'une main si sûre & si égale, que ces exemplaires peuvent servir de modèles de la plus parfaite écriture Arabe.

87. SAMARITAIN, ou *Phénicien*. Caractère Ju-

daïque, en usage parmi les Hébreux jusqu'à la captivité de Babylone, pendant laquelle ils se sont servis des caractères Chaldéens, qu'ils ont conservés après leur retour. Le nom de Samaritain a été donné à cet alphabet, parce que les Juifs schismatiques de Samarie l'ont conservé, & qu'ils ont continué de s'en servir pour les livres de la Loi.

88. CUPHIQUE, ou *Oriental.* Ancien Arabe; il a été nommé Cuphique, de la ville de *Couphah*, bâtie sur l'Euphrate.

89. IDUMÉEN, ou *Samaritain.* Il a été d'usage chez plusieurs nations qui se sont répandues dans l'Asie & dans l'Arabie.

90. MAURITANIQUE, ou *Occidental.* Alphabet Arabe.

91. CANANÉEN, ou *Chaldaïque*, conservé par une nation de la Mésopotamie, nommée *Bagadet*, qui vit sous la domination des Turcs.

92. AFRICAIN. Alphabet Arabe.

93. JUDAÏQUE, ou *Chaldaïque*, en usage parmi les Juifs pendant leur captivité à Babylone.

94. HÉBREU, ainsi nommé parce que les Hébreux ou Juifs l'ont adopté après leur captivité à Babylone; cet alphabet est Chaldéen. Esdras, chef de la nation Juive, ayant eu la permission de ramener le peuple à Jérusalem, y

fit écrire tous les livres de la Loi en caractères Chaldéens, qui ont pris le nom d'Hébreux.

95. RABBINIQUE, ou *Curſive Hébraïque.* Il ſert pour l'écriture courante des Juifs.

96. HÉBREU ANCIEN, tiré de vieux marbres de la Terre Sainte.

97. D'ABRAHAM. Alphabet Chaldaïque, que les Rabbins attribuent à ce Patriarche.

98. DE MOÏSE. Alphabet Phénicien, attribué à Moïſe.

99. DE SALOMON, attribué à ce Prince.

100. CHALDAÏQUE, ou *Hébreu ancien*, que l'on croit être du temps de Moïſe, & dont les autres alphabets Chaldaïques ſont dérivés.

101. PHÉNICIEN ANTIQUE. Ce Caractère eſt de première origine; il a pris le nom de différentes nations qui s'en ſont ſervies, comme *Samaritain*, *Africain*, *Judaïque*, *&c.*

Les variétés que chaque nation a introduites dans la figure des lettres, les ont ſouvent rendues méconnoiſſables en général; mais en particulier elles ſont devenues la ſource des nouveaux alphabets. Ce ſont ces premières lettres qu'on a mal à propos attribuées à Adam, à Noé, à Abraham. Je me ſuis contenté de repréſenter quelques-unes de ces variantes.

TABLE.

Alphabets.

N^a. *Quelques pages de caractères Orientaux ayant été tirées toutes composées des pays étrangers, on n'a pas été à portée de corriger les fautes de ſens ou d'orthographe qui pourroient s'y trouver.*

On a tiré quelques Exemplaires de cet Ouvrage ſur du papier liſſé.

Des deux premiers volumes que l'on donne au Public, le premier a été imprimé en 1764 ; le ſecond, très-avancé en 1766, n'a pu être achevé qu'en Août 1768. Ce retard a été occaſionné par une longue maladie de l'Auteur.

FAUTE A CORRIGER.

Page 250, ſur la quatrième lettre marquée *a*, mettez *b*.

Fin du ſecond Volume.

RÉPONSE

A un Mémoire publié en 1766 par MM. Gando, au sujet des Caractères de fonte pour la Musique.

L'ENVIE, la jalousie de métier, le défaut de connoissances & de talents, paroissent d'une manière si marquée dans le Mémoire de Messieurs Gando, que j'avois d'abord résolu de n'y pas répondre : cependant ces Messieurs en ont fait une espèce de trophée ; ils l'ont colporté eux-mêmes, non-seulement à Paris, mais encore en Province. Dans la rigueur du froid des mois de Novembre & Décembre 1766, Janvier & Février 1767, ils ont parcouru les provinces méridionales de la France, portant & distribuant ce Mémoire comme une marque de leur triomphe & une preuve de leurs talents : c'est ce qui m'oblige d'y répondre, afin d'effacer les impressions défavorables qu'ils pourroient avoir laissées contre moi.

Ce Mémoire porte sur deux chefs principaux ; par le premier ils prétendent être inventeurs des caractères de fonte pour l'impression de la Musique ; par le second ils veulent m'enlever le droit que j'ai à cette invention : c'est ce que nous allons examiner. Pour mieux sentir la force de leurs raisons, il est bon de connoître l'étendue de leurs talents.

Messieurs Gando, père & fils, ont toujours été bornés au seul état de Fondeurs de caractères ; jamais ils n'ont appris ni exercé la partie de leur art qui consiste à graver les poinçons, leur ignorance à cet égard est pleine & entière ; on ne trouvera pas dans leurs épreuves de caractères, la moindre chose qui soit de leur façon. Si l'on avoit besoin d'une autre preuve, ils la fournissent eux-mêmes, pages 21 & 22 de leur Mémoire. Ils conviennent qu'ils sont restés dans une *espèce d'obscurité : Nous avouerons*, disent-ils, *que jusqu'à l'essai de Musique que nous publiâmes.... nous n'avions fait paroître aucun ouvrage entier que celui-là*, GRAVÉ SOUS NOTRE NOM. Si l'aveu n'est pas honorable, au moins eſt-il naturel & ſincere; cependant ils veulent faire croire, malgré cet aveu, qu'ils ſont experts dans l'art de graver les caractères. Si on leur demande comment il ſe peut faire que n'ayant jamais ni appris ni exercé cet art, ils ſoient devenus tout-à-coup des maîtres dans cette partie : la réponſe eſt toute prête ; elle eſt même aſſez ſingulière pour mériter d'être rapportée. *L'eſpèce d'obſcurité*, diſent-ils, *dans laquelle nous avons conſenti à demeurer* (pendant une quarantaine d'années) *a ſans doute trompé M. Fournier. Il n'a pas imaginé que nous euſſions pu commencer par où il a fini.* Il faudroit en effet avoir l'imagination bien pénétrante pour ſoupçonner un phénomène ſi extraordinaire. Que diroit-on d'un marchand dont l'état auroit été de vendre des tableaux, ſans ſavoir ni peindre ni deſſiner, & qui diroit pour ſe faire croire auteur d'une copie qu'il donneroit pour un original : *Ne puis-je commencer la peinture par où Greuze la finit ?*

Il ne faut pas croire cependant que les progrès des caractères leur aient été indifférents : s'ils n'y ont rien mis du leur, ils ont profité des découvertes des autres ; ils ont fait contrefaire ce que j'ai donné de nouveau dans ce genre, à mesure qu'il devenoit public, mes nouvelles italiques, mon caractère de finance, mes vignettes, mes lettres ornées, mon essai de Musique imprimé à deux fois, &c. Le Mémoire qu'ils ont publié en 1766, dans lequel on trouve des fragments de ces contrefactions, fournit la preuve qu'elles sont faites avec une grossiéreté deshonorante pour ceux qui ont été employés à l'exécution, & pour les Imprimeurs qui en font usage. On a aussi employé dans l'impression de ce Mémoire des lettres ornées & des vignettes qui sont de moi ; on en trouve à la première & à la seconde page de l'impression de la Musique ; les mots *Petit motet* & *Pseaume* sont composés de mes lettres ornées, qui n'auroient pas dû trouver place dans un pareil ouvrage. Il y a encore une observation à faire sur le goût & l'intelligence de MM. Gando ; ils ont fait exécuter ces imitations précisément de la même figure & de la même grosseur que j'ai données aux originaux. Ils n'ont pu rien changer dans la figure de mes vignettes ni dans celle des lettres ornées, si susceptibles de variations ; dans mon caractère de finance, si aisé à changer par les différentes formes dont elles sont susceptibles. A leur place, j'aurois du-moins changé la nuance de grosseur de ces différents objets : tel qui les auroit trouvés d'un corps trop gros ou trop petit chez moi, les auroit trouvés chez eux d'une nuance différente : la honte du plagiat en auroit reçu quelque diminution ; mais leur sagacité typographique ne s'est pas étendue jusque-là.

Voilà les personnes qui m'ont fait l'honneur de m'attaquer, pour tâcher de m'enlever la réputation que je pourrois avoir acquise, & à qui je vais répondre. Monsieur Gando père étant décédé depuis la publication du Mémoire, M. son fils trouvera bon que je ne m'adresse maintenant qu'à lui seul. Venons au fait.

En 1756, j'ai inventé & gravé un caractère de fonte pour l'impression de la Musique, laquelle impression se faisoit à deux fois. Je répandis quelques épreuves de ce nouveau caractère ſous le titre d'eſſai, parce que c'étoit l'eſquiſſe d'un autre caractère plus utile que je fis tout de ſuite. Huit ans ou environ après que cet eſſai eût paru, M. Loiſeau, qui avoit appris l'art de la Fonderie chez moi, imita ce caractère ; il s'en eſt même dit l'inventeur *. M. Gando, qui étoit un des premiers à faire imiter ce que je donnois de nouveau, ſe trouvant prévenu par cette contrefaction, prit le change : croyant tirer parti de ce caractère, comme il avoit fait des autres contrefactions, il le fit auſſi imiter, quoiqu'on imprimât déjà pour lors avec ma Muſique dont l'opération ſe fait en une ſeule fois.

Je lui ai reproché ce double plagiat, il s'en eſt offenſé ; & pour s'en venger il a publié un Mémoire, ſous le titre d'*Obſervations ſur le Traité hiſtorique & critique de M. Fournier le jeune, &c.* par lequel il prétend prouver, du moins à ce qu'il dit, qu'il

* M. Loiſeau, qui s'eſt apperçu du peu de ſuccès que ce premier caractère auroit dans l'Imprimerie, s'eſt permis de contrefaire le ſecond. Il n'a pas oſé s'en dire l'inventeur, mais il l'a annoncé comme le caractère le plus parfait qu'il y eût dans ce genre ; cependant ce n'eſt qu'une imitation irrégulière & manquée. C'eſt ainſi que les arts s'abâtardiſſent.

eſt l'inventeur de ce caractère de Muſique; & par récrimination il aſſure au Public que c'eſt moi qui ſuis le plagiaire, ayant contrefait le caractère de Muſique fait à Leipſik. Il eût peut-être mieux valu pour M. Gando garder encore ſon *eſpèce d'obſcurité*, que de s'expoſer au ridicule qui accompagne les fauſſes prétentions. Quoi qu'il en ſoit, voici ſon texte.

Il y a ſi peu de reſſemblance entre la Muſique que nous avons gravée & celle de M. Fournier (il s'agit de celle qui s'imprime à deux fois) *qu'il ne faut pour en juger qu'un coup d'œil : un examen plus ſuivi prouvera ſi le méchaniſme eſt le même. Notre Muſique eſt gravée de façon que toutes les clefs, meſures, notes blanches, noires, croches & doubles croches détachées, ſont toutes d'une ſeule pièce. Il n'y a qu'un ſeul poinçon pour chacune de ces figures, de même que pour les petites notes coulées : chaque note en fait une ſeconde en la renverſant, à l'exception du* ſi *qui eſt toujours* ſi. *Le même poinçon, qui fait toutes les noires, ſert également à faire toutes les croches liées, de quelque eſpèce qu'elles soient.... Les barres qui servent à lier les croches, sont toutes d'une seule pièce, ce qui n'a encore été tenté par personne.... Nous avons également fait avec un seul poinçon, deux simples notes liées, qui sont l'une sur raie & l'autre entre raie.... Nous osons dire que nous sommes les seuls qui en ayons de pareils.*

Il y a dans cette description de notre prétendu artiste une sorte de hardiesse peu commune : s'est-il donc imaginé qu'il n'y avoit plus d'yeux pour voir ? On ne peut détailler plus littéralement le méchanisme de l'Essai que je donnai en 1766, & l'imitation que M. Loiseau en a faite avant M. Gando. L'inspection de mon Essai démontre tous les articles spécifiés ci-dessus, sans en excepter un seul ; on y voit ces barres d'une seule pièce pour lier les croches, qu'il dit n'avoir *été tentées par personne.* J'ai fait non-seulement des poinçons qui portent deux notes, *l'une sur raie & l'autre entre raie*, mais qui en portent trois & même quatre ensemble ; cependant M. Gando ose dire *qu'il est le seul qui en ait de pareils.*

Un plagiat si complet, & si aisé à vérifier,

auroit bien dû le rendre plus circonſpect. Voici de quoi décider ce point. Que l'on ſe donne la peine de lire depuis la page 53 juſqu'à la page 56 du premier volume de ce Manuel, où je donne la deſcription du méchaniſme de cette ſorte de Muſique, dont j'ai publié les épreuves en 1756, on y trouvera tous les articles que M. Gando dit lui être propres. Ce volume a été imprimé en 1764, comme le porte le frontiſpice, c'eſt-à-dire, une couple d'années avant que ce prétendu artiſte ſoit ſorti de ſon *eſpèce d'obſcurité.*

Mais, dit-il, j'ai employé dans l'impreſſion de cette Muſique des filets d'une ſeule pièce, ce qui rend la ligne plus nette, & j'en ai le certificat de l'Académie ; au lieu que M. Fournier s'eſt ſervi de filets en *cadrats*, ce qui cauſe des lacunes. Ceci eſt une autre choſe qu'il faut examiner. Il n'y a point de Fondeur de caractères qui ne faſſe des filets longs d'une ſeule pièce, en conſéquence point d'invention de la part de M. Gando. Les premiers caractères de Muſique & de Tablatures de luth, qui s'imprimoient à deux fois, étoient avec des filets d'une seule pièce, cependant ils n'ont point eu de succès : ceux qu'on a faits depuis étoient avec des filets à cadrats, ainsi que M. Gando les représente lui-même, page 28 de son Mémoire. Quelque chose de plus particulier pour lui, est qu'en 1699 M. Cot, Fondeur de caractères, fit faire exprès un moule qui portoit un filet dans toute la largeur d'un in-folio, pour imprimer en rouge & noir un livre de plein-chant à l'usage de l'Eglise de Reims ; par ce moyen les filets étoient d'une seule pièce. M. Gando a acquis ce moule avec la Fonderie dudit sieur Cot, il a du en connoître l'usage ; donc il n'a pas inventé la manière d'employer des filets d'une seule pièce pour l'impression à deux fois de la Musique ou du Plain-chant, qui est la même chose.

D'où vient donc n'a-t-on pas suivi cet usage dont M. Gando fait tant de bruit, & dont il voudroit faussement s'attribuer la gloire ; il faut le lui apprendre, puisqu'il paroît l'ignorer.

Pour une fonte de trois feuilles ou de trois cents pesant de notes de cette espèce, il faut aussi trois cents livres pesant de filets d'une seule pièce pour un format in-douze, autant pour un in-8°. de même pour un in-4°. & encore autant pour un in-folio. En faisant grace des variations de format, il faudra douze cents pesant de ces filets, qui se trouvent remplacés par trois cents livres seulement de filets à cadrats. Voilà ce qui a fait abandonner l'usage des filets d'une seule pièce, connus avant M. Gando.

Il s'agit à présent de mon caractère de Musique, qui s'imprime d'une seule fois, notes & filets ensemble, dont j'ai inventé le méchanisme, & que j'ai gravé suivant mes nouveaux principes. M. Gando dit à ce sujet: *M. Fournier n'a d'autre mérite que d'avoir imité ce que le sieur Breitkof avoit imaginé & exécuté avant lui.... sa Musique n'est exactement qu'une copie de celle de Leïpsik.* Voilà une assertion bien positive; mais comme l'Auteur n'est pas plus fort en preuves qu'en connoissances, nous allons le trouver bientôt en contradiction avec lui-même.

Le méchanisme dont M. Breitkof s'est servi, dit-il, *est sans contredit très-minutieux & d'un détail très-long pour la composition ; sa Musique n'est fondue, comme le remarque très-bien M. Fournier, que sur un seul moule, ce qui ne fait que la cinquième partie d'une ligne de Musique ; il se trouve par-tout cinq pièces composées les unes sur les autres, & quelquefois plus.* Et plus bas il ajoute : *M. Breitkof a gravé sa Musique, comme nous venons de le dire, pour être fondue sur un seul moule ; c'est un méchanisme vraiment nouveau, mais qui est sujet à un détail très-long pour la composition : M. Fournier a levé la difficulté.* Si j'ai levé la difficulté de ce *détail très-long & minutieux*, il ne falloit donc pas avancer que *M. Fournier n'a d'autre mérite que d'avoir imité ce que le sieur Breitkof avoit imaginé & exécuté avant lui, & que sa Musique n'est exactement qu'une copie de celle de Léipsik ;* cela implique contradiction. Que l'on ouvre le premier volume de ce Manuel, à la page 286 ; on y trouvera la police des différentes figures qui composent mon caractère de Musique, lesquelles je n'aurois certainement pas eu la hardiesse de représenter, si j'avois été assez ignorant pour les avoir imitées d'après quelqu'un. Cette Musique est composée de cinq corps différents ; toutes les figures du second, du troisième, du quatrième & du cinquième corps sont absolument étrangères à celle de M. Breitkof : la mienne porte moitié moins de figures. Comment donc se peut-il faire que M. Gando, qui est persuadé de cette vérité, qui sait également que la Musique de mon Essai est de mon invention, & qu'il n'en existoit nulle part de pareille avant moi, ait osé avancer publiquement qu'il est l'inventeur de cette Musique, dont la contrefaction a été faite sur mon Essai, & que ma seconde Musique n'est *exactement* qu'une copie de celle de Léipsik ? Il faut bien que les mouvements de la jalousie l'aient emporté sur les sentiments de l'honneur.

Il croit se garantir de la honte de cette fausse allégation, en disant que j'ai *employé par nouveauté le méchanisme des anciennes Musiques.* Ce n'est donc plus maintenant la Musique de Leipsik que j'ai *exactement imitée*, ce sont les vieilles & anciennes, qui ne ressemblent néanmoins, ni à la mienne, ni à celle de Léipsik. *Les anciennes Musiques*, dit-il, *se fondent sur cinq moules*, comme la mienne ; mais je n'ai dit nulle part que j'eusse inventé ces sortes de moules ; je me suis attribué seulement, & à juste titre, l'invention des figures que j'ai employées dessus, lesquelles ne ressemblent point à celles des vieilles Musiques.

M. Gando ne s'est pas contenté de faire ses efforts pour anéantir le peu de réputation que mes travaux pouvoient m'avoir acquis, il cherche encore à me mettre mal dans l'esprit de différentes personnes, tant ses procédés sont nobles, généreux & desintéressés.

Sur quelques expressions qui sont dans mon Traité sur les caractères de musique, & qu'il dit ne pas entendre, il présume que je suis un ingrat. *Auroit-il voulu*, dit-il, en parlant de moi, *outrager un corps respectable* POUR LUI *à tous égards ; un corps dans lequel il puise presque uniquement le fruit de ses talents.* Pour sentir quelle peut être la force de cette assertion, il faut savoir que tous mes travaux n'ont tendu qu'au bien général de l'Imprimerie de France ; qu'elle ne tient que de moi les nouveautés, les changements & les corrections dans les caractères, dont elle ne jouissoit pas auparavant, tout ce qui avoit été fait dans ce genre par les Graveurs du Roi n'étant que pour l'usage particulier de l'Imprimerie Royale ; que j'ai défendu ses droits pour l'impression de la Musique, & que je l'ai mise en état d'exercer cette partie de son art, en fournissant de nouveaux caractères de Musique ; toutes choses pour récompense desquelles le Roi a bien voulu m'accorder un titre d'Imprimeur à Paris, notamment pour l'impression de la Musique que j'avois inventée. L'Arrêt du Conseil qui me donne ce titre a été refusé à l'enregîtrement de la Chambre Syndicale, non par *le corps de l'Imprimerie*, mais par les Syndic & Adjoints pour lors en charge, qui ne m'ont pas jugé capable de remplir cette place. Et c'est moi que M. Gando accuse d'*ingratitude !*

Afin de diminuer les obligations que l'on pouvoit m'avoir pour avoir défendu les droits des Imprimeurs pour l'impression de la Musique, il dit : *Personne de MM. les Imprimeurs n'a douté qu'il ne leur fût permis d'imprimer de la Musique.* Pourquoi donc n'en imprimoient-ils pas ? pourquoi souffroient-ils que Messieurs Ballard missent à la fin de toutes leurs impressions de musique, qu'il étoit défendu, sous peine de six mille livres d'amende, à tous Graveurs, Fondeurs & Imprimeurs, de graver, fondre ni imprimer de la Musique ? De quel droit M. Ballard a-t-il envoyé chez moi, le 23 Octobre 1764, des Huissiers pour saisir mes nouveaux Caractères ; saisie qui n'a pas eu lieu, mais qui a été plus circonstanciée chez l'Imprimeur qui faisoit usage de mes caractères de Musique, & chez M. Loiseau, qui n'avoit qu'une légère épreuve du caractère imprimé à deux fois, qu'il avoit imitée sur mon premier Essai ? Enfin, pourquoi les Officiers de la Chambre Syndicale ont-ils fait droit à l'opposition que M. Ballard leur a fait signifier à ce qu'ils eussent à ne point enregîtrer l'Arrêt du Conseil qui me donnoit le droit d'imprimer de la Musique, comme étant contraire aux prétentions d'être le seul Imprimeur de Musique en France ; opposition qu'ils ont présentée à M. le Lieutenant de Police comme un nouveau motif de refuser l'enregîtrement de l'Arrêt qui me donnoit le titre d'Imprimeur ? C'eſt qu'ils croyoient en effet n'avoir aucun droit à l'impreſſion de la Muſique.

En ſuppoſant un moment, ajoute M. Gando, que les Imprimeurs euſſent *craint le privilege de M. Ballard, l'Arrêt du 27 Juillet leur auroit appris qu'ils étoient libres.* Mais ſi je n'avois pas gravé de nouveaux caractères, & que je n'en euſſe pas livré, il n'y auroit pas eu de contrefaction, de ſaiſies ni de conteſtation, par conſéquent point d'Arrêt du Parlement qui eût appris aux Imprimeurs *qu'ils étoient libres.* Les talents de M. Loiſeau & de M. Gando ne ſont pas aſſez connus pour croire qu'ils en euſſent jamais inventé ; & l'extenſion que M. Ballard donnoit à ſes Privilèges auroit pu gêner tout autre Graveur, qui n'auroit pas pris comme moi la peine d'en faire l'examen & la critique.

M. Gando, honteux ſans doute d'avoir pris le change, en faiſant contrefaire un caractère de Muſique que je n'ai donné que comme un Eſſai, & que je n'ai pas ſuivi, à cauſe de l'inconvénient qui réſulte de la double impreſſion, fera des efforts pour imiter l'autre ; les principes que j'ai établis & la représentation des figures que j'en ai données, lui en fourniront les moyens. Pour en imposer par un air d'intelligence, je lui conseille de faire changer la forme des guidons & des renvois, dont la figure peut être arbitraire ; après quoi il pourra se dire l'inventeur de ce second caractère, avec autant de fondement & d'assurance qu'il l'a fait pour le premier.

Il y a dans son Mémoire quelques autres assertions qui ne méritent pas de réponse. Je finirai par cette remarque, qu'il est étonnant que M. Gando, n'ayant aucun talent connu dans le genre de la gravure, ait osé s'arroger publiquement le titre d'inventeur d'une chose qu'il a pillée, sans être en état de l'exécuter lui-même, & qu'il fasse des efforts pour nous enlever, sans preuves & sans raisons, la gloire d'une invention utile, due à la France. Si j'eusse été assez hardi pour en faire autant à Genève, sa patrie, il est à présumer que j'y aurois été fort mal reçu.

www.ingramcontent.com/pod-product-compliance
Ingram Content Group UK Ltd.
Pitfield, Milton Keynes, MK11 3LW, UK
UKHW020128220726
13923UKWH00001B/55